ଅଗ୍ନି ସରସ୍ୱତୀ

ଉତ୍ସର୍ଗ

'ପ୍ରିୟତମ ବୋଲି ଯଦି କେହି ଥାଏ !
ତେବେ ତା ନିରୀହ ଆଖିକୁ !'
ଯେଉଁ ଆଖିର ମାୟାରେ ମୁଁ ବାରମ୍ବାର ପଡ଼େ ।
-ଶେଲି

କେତୋଟି ଛୋଟ ଛୋଟ କଥା

।୧।

ଇଡ଼େ ରନ୍ତେ ହବ୍ୟେ କାମ୍ୟେ ଚନ୍ଦ୍ରେ
ଜ୍ୟୋତେ ଅଦିତେ ସରସ୍ୱତୀ ମହି ବିଶ୍ରୁତି
ଏତା ତେ ଅଘ୍ନ୍ୟେ ନାମାନି ଦେବେଭ୍ୟୋ
ମା ସୁକୃତମ ବୃତାତ।

(ଯଜୁର୍ବେଦ-୮/୪୩)

ବେଦରେ ନାରୀର ଦଶନାମ ଓ ଦଶଟି ସଞ୍ଜ୍ଞା। ଭାବ ଓ ଗୁଣ ଦୃଷ୍ଟିରୁ ଏକ ସଞ୍ଜ୍ଞା ଆରେକର ବିରୋଧୀ। ଇଡ଼ା ଓ ରନ୍ତା ଭାବରେ ସେ ମାଧୁର୍ଯ୍ୟ ଓ ରମଣୀ ଭାବର ପ୍ରତୀକ। ହେଲେ ହବ୍ୟା ଭାବରେ ସେ ଅଗ୍ନିକୁ ଅଧିକ ପ୍ରଜ୍ୱଳିତ କରେ। ସେ ସରସ୍ୱତୀ ଏବଂ ଅଦିତି। ସ୍ୱର ଓ ବାଣୀର ସେ ଈଶ୍ୱରୀ, ସମାନ୍ତରାଳରେ ସେ ଅମରତ୍ୱର ମାର୍ଗ। ସେ ଅଦିତି ବା ଅଖଣ୍ଡିତା। ଅଗ୍ନି ଓ ସରସ୍ୱତୀର ମିଶ୍ରଭାବରେ ତାର ପରିଚୟ, ଏକ ଭିନ୍ନ ଏକକ ସୃଷ୍ଟି କରିଥାଏ। 'ଅଗ୍ନି ସରସ୍ୱତୀ' ସେ ବୈଦିକ ଅନୁଭବର ଆଭାସ କି?

।୨।

ଅଗ୍ନି ଓ ସରସ୍ୱତୀ, ଏମାନଙ୍କୁ ଏକପଦୀ ବୋଲି କହି ହେବ କି? ଯେତେବେଳେ ଗୋଟେ କବିତା ସଙ୍କଳନର ନାମ 'ଅଗ୍ନି ସରସ୍ୱତୀ' ସେଠି ଏ ପ୍ରଶ୍ନ ସ୍ୱାଭାବିକ। ଉଗ୍ରତା ଏ କବିତାର ମୂଳପିଣ୍ଡ। ଦହନ ଏ କବିତାର ମଞ୍ଜି।

।୩।

ଶୁଭଶ୍ରୀ ଶୁଭସ୍ମିତା ମିଶ୍ର, ଦ୍ରୋହର କବି। ତାଙ୍କ କବିତାରେ ଜଳିବା ଓ ଜାଳିବାର ଏକ ଆଗ୍ନେୟ ପ୍ରକ୍ରିୟା ରହିଥାଏ। ହେଲେ ଏ କବିତା ବହି, ତା'ର ଏକ ବ୍ୟତିକ୍ରମ।

ଗତ ତିନୋଟି ସଙ୍କଳନରେ ଉଗ୍ରତାର ଯେଉଁ ପ୍ରଖର ପ୍ରବାହ, ସେଥିରୁ ମୁକ୍ତ ହେବାର ଏକ ସଚେତନ ପ୍ରୟାସ ଏ ବହିରେ ଅଛି। ଦ୍ରୋହ ଭିତରୁ ଅଙ୍କୁରିତ ହେଉଛି ପ୍ରେମ। ହୁତାଶନରୁ ପ୍ରକାଶିତ ହେଉଛି ଜଳକଣା। ଏ କବିତା ବହି, ଏକ ନୂଆ ବାଟର ଆରମ୍ଭ।

। ୪ ।

ଜଣେ କବିଙ୍କର ଚତୁର୍ଥ କବିତା ସଙ୍କଳନକୁ ମୁଁ ଯଦି କଞ୍ଚା ହାତର କବିତା ବୋଲି କହେ, ତାକୁ ଏକ ନକାରାତ୍ମକ ପ୍ରତିକ୍ରିୟା ବୋଲିକୁହା ଯିବ କି ? ମୁଁ ଭାବେ, ସବୁ କବି କଞ୍ଚା ହାତର କବି। କବିର ହାତ କେବେ ହେଲେ ସ୍ୱୟଂ ସଂପୂର୍ଣ୍ଣ ବା ପାକଳ ହୁଏନାହିଁ । କବିତା ବାରମ୍ବାର ଅସମ୍ପୂର୍ଣ୍ଣ ଓ ଅସଫଳ ହୋଇ ରହିଲେ ଯାଇ କବି ବଞ୍ଚିରହେ। କବିତାରେ ପୂର୍ଣ୍ଣତାର ଅର୍ଥ କବିତାର ମୃତ୍ୟୁ। ସେ ଦୃଷ୍ଟିରୁ ଶୁଭଶ୍ରୀ ଜୀବନ ଛଳ ଛଳ କବି।

। ୫ ।

କବିତା ଲେଖିବା ଅପେକ୍ଷା କବିତାକୁ ଭୋଗିବା ବଡ଼ କଥା। ଶୁଭଶ୍ରୀ ନିଜ କବିତାକୁ ଭୋଗନ୍ତି। ବଡ଼ ଯନ୍ତ୍ରଣାଦାୟକ କବିତା ବଞ୍ଚିବାର ଅନୁଭବ। ନିଜକୁ ପୋଡ଼ି ଜାଳି ପାଉଁଶ କରିଦେବାର ଓ ସେହି ପାଉଁଶ ଭିତରୁ ପୁଣି ଜନ୍ମ ନେବାର ଦୁର୍ବାର ସାହସ ଏ ସବୁ କବିତାରେ ରହିଛି।

ଅଗ୍ନିରେ ଦହନ ହେବାର ପ୍ରାପ୍ୟ କବିଙ୍କୁ ଏମିତି ମିଳୁଥାଉ।

- କେଦାର ମିଶ୍ର

ପ୍ରେମିକାର ଆପ୍ତବାକ୍ୟ

ଗୋଟେ ପ୍ରେମ କବିତା ସଂକଳନର ନାଁ କାହିଁକି, 'ଅଗ୍ନି ସରସ୍ୱତୀ' ହେବ ?

ଏ କଥାର ଉତ୍ତର ମୋ ପାଖରେ ନାହିଁ। କବିର ଖିଆଲରେ ସେ ପ୍ରେମକୁ ସରସ୍ୱତୀ ଆଉ ସେଇ ପ୍ରେମକୁ ଯଦି ଡହଡହ ଅଗ୍ନିରେ ଯଦି ମୂର୍ତ୍ତିମନ୍ତ କଲା ତେବେ ସେ ଦାୟବଦ୍ଧତା ମୋର କାହିଁକି ହେବ ଯେ' ?

ଏ କବିତା ସବୁ ମୁଁ ଲେଖିଛି କହିଲେ କେବଳ ଅହଂକାର ଦିଶିବ ହିଁ ଦିଶିବ । ଏ କବିତା ତକ ମୋତେ ଲେଖାଇଛନ୍ତି ନିଜକୁ। ନିର୍ଦ୍ଧୂମ ବର୍ଷା ରାତିରେ ମୋତେ ନେଇ ଠିଆ କରେଇଛନ୍ତି ନିର୍ଜନ ଛାତର ଅନ୍ଧାର ରାତିରେ, ଢୋ ଢୋ ବର୍ଷାର ବାଉଁଅ ପାଣିରେ ବାରମ୍ବାର ପଖାଳିଛନ୍ତି ମୋର ଶରୀର। ସେଥିପାଇଁ ତ ପ୍ରତିଟି ପ୍ରଣୟ ପରେ ମୁଁ ଫେରି ପାଏ ମୋର କୁମାରୀତ୍ୱ !

ଚେରାପୁଞ୍ଜିର ୨ ଡିଗ୍ରୀ ଶୀତ ରାତିରେ କ୍ୟାମ୍ପଫାୟାର ସହ ମୋତେ ବାନ୍ଧି ଦେଇଛନ୍ତି। ଶୀତରେ ଥରିଥରି ଆସ୍ଥାମା ପମ୍ପର ସାହାଚର୍ଯ୍ୟାରେ ଜୀବିତ ରଖିଛି ପ୍ରାଣସତ୍ତା ଆସନ୍ତା କାଲିର ସୂର୍ଯ୍ୟାଲୋକ ପାଇଁ । ନିର୍ଦ୍ଦୟ, ହୃଦୟହୀନ କବିତା କାଜିରଙ୍ଗାର ମନୋରମତାରେ ମୋତେ ରାତି ଅନିଦ୍ରା କରି ଫେରାର ହେଇଛି ଜଙ୍ଗଲ ଭିତରେ ଆଉ ମୁଁ ଶବ୍ଦର ବୀର୍ଯ୍ୟରେ ଗର୍ଭବତୀ ହେଇ ସାରାରାତି ଗର୍ଭଯନ୍ତ୍ରଣାରେ ଅସ୍ଥିର ହେଇଛି ? ହେଲେ ସେ ଦୁଷ୍ଟ, ଧୋକାବାଜ କବିତା ଗରମ ଚା' କପ୍‌ରେ ଓଠ ଛୁଆଁଉ ଛୁଆଁଉ

ମୋତେ ଧମକ ଦେଇଛି ଆଉଟିକେ ଭୋଗ ଗର୍ଭ ଯନ୍ତ୍ରଣା, ଛିନଭିନ୍ ହେଇ ଯା କଷ୍ଟରେ, ଲୁହର ସନ୍ତରଣ କର ସାରାରାତି, କଥା ଦେଉଛି ଫେରିବି ତୋ ମୁକ୍ତିର ଅଷ୍ଟମ ଗର୍ଭ ହେଇ !

ସେ ତା କଥା ରଖିଛି, ଯଥେଷ୍ଟ !

ମୁଁ ସବୁବେଳେ କହେ "ବକବକ କଲା ଝିଅର କହି ହେଉନଥିବାତକ ହିଁ କବିତା"। ପ୍ରେମ ଗୋଟେ ଦୀର୍ଘ ମିଆଦି ଚୁକ୍ତିନାମା ନୁହେଁ ବରଂ ଅଝଟ ଝରଣାର ଅରଣା ମନଟେ। କିନ୍ତୁ ତା' ଗାମ୍ଭୀର୍ଯ୍ୟରେ ସେ ମହିମାନ୍ୱିତ । ଏ କଥା ମାନିବାକୁ ବାଧ୍ୟ।

ସତ କହିଲେ ପ୍ରେମ ମୋ ପରି ! ନାଇଁ ନାଇଁ ମୁଁ ତା ପରି !

ଛାଡ଼ ଆମେ ଏକ ଆଉ ଅଭିନ୍ନ !

ଅଗ୍ନି ସରସ୍ୱତୀ ବେଳେ ଜଣେ ଥିଲା ସେ ହେଉଛି ଅପା (ଭାସ୍ୱତୀ ବସୁ) ରାତି ଅଧରେ ତା ମୁଣ୍ଡ ଚୋବେଇ ଖାଇଯିବା ସାହାସ ଆଉ ଅଧିକାର କେବଳ ମୋର ଅଛି। ସେ ଜାଣେ ମୋ ପ୍ରେମରୁ ନେଇ ପାପ, ପାପରୁ ନେଇ ଜିଦ୍, ମୋ କୋମଳତାର ଏକମାତ୍ର ମୁକସାକ୍ଷୀ ସେ। ମୋର ସବୁ ଅଝଟପଣ, ଅନ୍ୟମନସ୍କତା, ଜିଦ୍ ମୁଖାର୍ମୀ ଆଉ ମୁଖରାମୀ ଦାୟ ତାର। ତେଣୁ ବହି ପଢ଼ିସାରି ତାକୁ କହିବେ । ମୋତେ ନୁହେଁ, ଆଗତୁରା ହାତ ଟେକି ଦେଲି। ସରି !

ମୋର ସବୁ ଅନ୍ୟମନସ୍କତା ପାଇଁ ଯେଉଁମାନେ ପୀଡ଼ିତ ମୋର ସ୍ୱାମୀ ଆଉ ଦୁଇଟି ପିଲା, କେବଳ କ୍ଷମା କରିବେ ଏ ଅଯୋଗ୍ୟକୁ ।

ଶେଷରେ ସେ ସବୁ ସଫଳ ଆଉ ବିଫଳ ପ୍ରେମିକ ଆଉ ପ୍ରେମ ପାଇଁ; ଅଗ୍ନି ସରସ୍ୱତୀ

- ଶୁଭଶ୍ରୀ ଶୁଭସ୍ମିତା ମିଶ୍ର

ଅଗ୍ନି ସରସ୍ୱତୀ - ୧

ଛାଡ଼ ସେ କଥା
ଆସନ୍ତା କାଲିର ଗପରେ
ମୁଁ ନଥିବି ତୁମେ ନଥିବ
ଗୋଟେ ଇଲାକାରେ ଖାଲି କିଛି ପକ୍ଷୀ
ଆଉ ଦି'ପଟ ପାଉଁଜିର ଶବ୍ଦ ଶୁଭୁଥିବ ।

ଏ କୁହୁକ କୁହୁଡ଼ିରେ
ମୁଁ ବ୍ୟସ୍ତ ତାରାଙ୍କ ଗହଣେ
ଭିଜୁଥାଉ ଏ ଦେହଟା
ପୂର୍ଣ୍ଣିମାର ଚନ୍ଦ୍ର କିରଣରେ
ତାଙ୍କ ଉଷ୍ମ ଆଲିଙ୍ଗନ
ଗାଢରୁ ଗାଢତର ହେଉ
ନ ବିତୁ ଏ ସ୍ୱପ୍ନରାତି
ଆଖିରେ ମୋ ପ୍ରଣୟର ନିଦ୍ରା ଭରି ରହୁ

ଯେତେବେଳେ କଷ୍ଟ, ଦୈନ୍ୟ
ଦୁଃଖ, ଭୋଗ, ତ୍ୟାଗ, ମହାତ୍ମ୍ୟ
ଆଉ ଅବଶୋଷ ଏକା ପରି ଦିଶେ
ସେତେବେଳେ କାଳାତୀତରେ
ଗଙ୍ଗା, ଅହଲ୍ୟା, ସୀତା ଓ କୃଷ୍ଣା

ପ୍ରେମ, ପ୍ରତିଜ୍ଞା, ତ୍ୟାଗ ଓ ତିତିକ୍ଷା
ପରସ୍ପରର କଷ୍ଟରେ, ତ୍ୟାଗରେ
ଆତ୍ମ ବିଶ୍ଲେଷଣରେ, ଲାଞ୍ଛନାରେ
ପୀଡ଼ିତ ଓ ପତିତ ଅହରହ
ନାରୀର ଦେହ ଧରି !

ଅଗ୍ନି ସରସ୍ୱତୀ - ୨

ତୁମ ନାଁ ହିଁ ଯଥେଷ୍ଟ
ମୋତେ ଉତ୍ତେଜିତ କରିବାକୁ
ତୁମର ଥିବା ନଥିବାଟା ବେକାର କଥା,

♥♥

ମୋତେ ନିର୍ବସ୍ତ୍ର କରିବାକୁ
ତୁମ ଓଠ ହିଁ ଯଥେଷ୍ଟ
ଯେବେ ଠୁଁ ତୁମକୁ ମୁଁ ଜାଣେ

♥♥

ତୁମେ ମୋ ଦେହରେ ହାତ ରଖ
ଛୁଅଁ ମୋ କପାଳ
ଆଖି,
ନାକ
ଓଠ
ଆଉ ଛାତି
ମୁଁ ନୃତ୍ୟମନ୍ମୀ ହୁଏ,
ବାହାରେ ବର୍ଷା ଥାଉ ବା ନଥାଉ

♥♥

ତୁମେ ଯେବେ ବି ମୋତେ ଚୁମା ଦିଅ
ମୁଁ ପାହାଡ଼ି ଝରଣା ହୁଏ

ଡେଇଁ ପଡ଼େ ତଳକୁ
ଏଥର ଆମର ଓଦା ହେବାଟା ଥୟ

♥ ♥

ଠିକ୍ ସେଇ ଦିନଠୁଁ ମୁଁ
ଖୋଲା ରଖିଛି ନିଜକୁ
ଯେବେ ପ୍ରଥମ ଥର ତୁମେ ଗାଲ ଛୁଇଁଥିଲ
କିଛି ଦାଗ ଥାଇପାରେ,
ଦେଖିବ ?

♥ ♥

ହୃଦୟକୁ ପିଆଲା କର
ନିଃଶ୍ୱାସର କଫି ଢାଳ
ଚୁମାର ଚିନି ମିଶାଅ
ମୋ ଓଠ ପ୍ରସ୍ତୁତ
(ବ୍ଲାକ୍ କଫି)

♥ ♥

ତୁମେ ଚାଲିଗଲ ବୋଲି ଭ୍ରମରେ ରୁହନି
ମୁଁ ପ୍ରେମ କରି ଜାଣେ ! (ଆସ୍ପର୍ଦ୍ଧା)

ଅଗ୍ନି ସରସ୍ୱତୀ - ୩

ତୁମେ କହିଲ,
ତୁମକୁ ଛୁଇଁବାକୁ ଇଚ୍ଛା

ସେବେଠୁଁ ମୁଁ କେବଳ ପିଆଲାଟେ
ଅଧା ଭର୍ତ୍ତି ଆଉ ଅଧା ଖାଲି,

❤❤

ତୁମର ଲକ୍ଷ୍ୟଟେ ଲୋଡାଥିଲା
ମୁଁ ବାଟ ହେଇଗଲି
ଗତ୍ୟନ୍ତର ଥିଲା କି ?

❤❤

ମୁଁ ତୁମ କ୍ୟାନଭାସର ସେ ଶେଷରେଖା
ଯିଏ ହୁଏତ ଗୋଟେ ଚିତ୍ର ହେଇ ପାରିଥାନ୍ତା,
ତୁମ ହାତରେ ତୁଳୀ
ଆଉ ତୁମେ ଅଲଗା କରିପାରିଲନି ରଙ୍ଗ
ଯଥେଷ୍ଟ ଯେ' ତୁମେ ମୁଠେଇ ଧରିଛ ।

❤❤

ମୁଁ ରାତିଠୁଁ ବେଶି ଗାଢ
ଅନ୍ଧାର

ଆଉ ତୁମେ ହାତ ମୁଠାରୁ ଖସିଥିବା ସମୟ
ଅସୁବିଧା ଯେ'
ସମୟ ଆଉ ଅନ୍ଧାର ବେଳେବେଳେ ଦି ଟା ଯାକ ଏକା କଥା,

ତୁମେ ଯାହାକୁ ପ୍ରେମ କର
ସେ ଠିକ ମୋ ପରି

ମୁଁ ମୋତେ କେଉଁଠି ଛାଡ଼ି ଆସିଲା ପରେ
ତୁମେ ପାଇଥାଇ ପାର ତାକୁ

ସେ କିଞ୍ଚିତ୍ ମୋ ପରି ଦିଶେ
ଏଥରକୁହ ସେ ଝିଅଟି କିଏ ?

ଆଜି ଯାହା ସହ ମୋର ସହବାସ ହେଲା
ତା ଦେହ ମୋର ଖୁବ ପରିଚିତ ଥିଲା
ଯଦିଓ ସେ ଲୋକକୁ ମୁଁ ଚିହ୍ନେନା,

ତାକୁ ଭୋଗିଲା ବେଳେ ସେ
ମୋ ଭିତରୁ ବାହାରି
ମୋତେ ରମଣ କଲା,

ପରେ ଜାଣିଲି ଯେ'
ଦୁଇଟି ଅଲଗା ଦେହ
ଏକା ପରି ବାସେ,
ଏ ବାସ୍ନା ଖୁବ ବେଶି ପରିଚିତ ଥିଲା,

♥♥

ଆଜି ହୁଏତ ମୁଁ ତୁମକୁ ମୋ ଦୁଆରୁ ଫେରାଇ ଦେଇ ପାରେ
ହେଲେ ମୁଁ ତୁମର
କହିବାକୁ ଲାଜ ନାହିଁ

କାଲି ରାତିସାରା ଯେ' ମୋ ସହ ଥିଲା
ସେ ଜାଣେ ଯେ'
ମୁଁ ପ୍ରେମିକାଟେ !

♥♥

ତୁମ ଦୀର୍ଘଦେହ ଆଉ ଲମ୍ବା ଆଙ୍ଗୁଠି
ଆଜି ବି ମୋତେ ଉତ୍ତାଳ କରେ

ମୋ ବେକ ମୂଳର ଚିହ୍ନକୁହେ ଯେ'
ମୁଁ ମୋତେ ପ୍ରେମ କଲା ବେଳେ
ତୁମେ ଥାଅ ଆଉ ଭୋଗୁଥାଅ,
ହେଲେ କାହାକୁ ?

ଅଗ୍ନି ସରସ୍ୱତୀ - ୪

ମୋ ଲୁହମାନେ କାନ୍ଦି ପାରନ୍ତିନି
ତୁମେ କହିଥିଲ,
ହେଲେ ମୁଁ ତୁମ ଲୁହ ଦେଖି ପାରେନି'

❤❤

ତୁମକୁ ପ୍ରେମ କରିବା ମୋ ଦାୟବଦ୍ଧତା ନୁହେଁ
ଏଥର ଫେରି ଆସିବା ଆଗରୁ
ମନେରଖ !

❤❤

ତୁମେ ରହିବାର ଛଳନା କରନି
ମୋତେ ଏଥର ଯିବାକୁ ଦିଅ
ମୁଁ ପ୍ରେମକୁ ଅପେକ୍ଷା କରିପାରେ,
ତୁମ ମର୍ଜିକୁ ନୁହେଁ,
ବୁଝ !

❤❤

କାହିଁକି ମୁଁ ତୁମ ପାଇଁ ଉନ୍ମୁକ୍ତ ହୁଏ
ନିରସ୍ତ୍ର ଆଉ ବିବସ୍ତ୍ର ହୁଏ ?
ଏ କଥା ମୋତେ ପଚାରି ଥିବା ଲୋକଟା

ମୋ ପ୍ରେମିକ,
ହେଲେ ମୁଁ ତା' ପ୍ରେମିକା ତ ନୁହେଁ?

♥♥

ମୁଁ ବଦଳି ଯିବି,
ଏ ସର୍ତ୍ତ ରଖି ଆସନି,
ମୁଁ ତୁମ କାପୁରୁଷତାକୁ ବି ପ୍ରେମ କରି ପାରେ
ହୁଏତ ତୁମର ବୁଝିବାକୁ ବାକି ଅଛି!

♥♥

ସେଇ ଶେଷ ଥର ତୁମେ ଯିବା ପରେ
ମୁଁ ଉଠିଲି
ମୋ ରକ୍ତାକ୍ତ ହୃଦୟକୁ ହାତରେ ଧରିଲି
ତାକୁ ପୁଣି ଛାତିରେ ସାଇତିବାର ଥିଲା
ଗୋଟେ ଶକ୍ତ ସୂତାରେ ସିଇଁ ଦେବାର ଥିଲା ଛାତି
ଆଜି ଅନେକ ଦିନ ହେଲାଣି,
ହୁଏତ କିଛି ଚିହ୍ନ ଥାଇପାରେ
ଥରେ ଦେଖିବ କି?

ଅଗ୍ନି ସରସ୍ୱତୀ - ୫

ସେ କହିଲେ'ମୁଁ ତମ ଘରର ଦର୍ପଣ ହେବି।'
ମୁଁ ସ୍ନାନରୁ ଫେରିଲି
ଦର୍ପଣ ଆଗରେ ଅନାବୃତ ହେଲି
ଯେ' ଲାଜେଇ ଗଲା ସେ ମୋ ଘରର ଦର୍ପଣ ଥିଲା
କେମିତି ?

ତୁମେ ଫେରି ଯାଉଥିଲ
ମୁଁ ଚୁପ୍ ଥିଲି,
ତୁମ ପାଦ ମୋତେ ପଛ କରି ଆଗକୁ ଯାଉଥିଲା
ମୁଁ ଚୁପ୍ ଥିଲି,
ତୁମେ ମାତାଲ ଥିଲ,
ଆଉ ମୁଁ ତୃଷାର୍ତ୍ତ ଥିଲି ।

ଏବେ ଯେଉଁ ମାନେ ମୋତେ ଭେଟିଲେ
ଆକର୍ଷିତ ହେଲେ,
ତାଙ୍କ ଆଖିରେ ପ୍ରେମ ଥିଲା

ମୁଁ ଘରକୁ ଫେରିଲି,
ଚୁପଚାପ୍ ନିଜକୁ ବୁଝେଇଲି
ପ୍ରେମ ନୁହେଁ, ଏଥର ବନ୍ଧୁତା ଲୋଡ଼ା !

♥♥

ସେଇ ଗୋଟିଏ ଲୋକ
ଯେ ମୋ' ପରି ନିଦ୍ରାହୀନତା ଭୋଗେ
ଯା ଆଖିତଳ କଳା ପଡେ
ଯା ଓଠ ଶୁଖିଲା ଦିଶେ,

ସେ ମୋ ପ୍ରେମିକ ନୁହେଁ
କିନ୍ତୁ କେଜାଣି କାହିଁକି
ମୁଁ ବାରମ୍ବାର, ପ୍ରତିଥର ତାରି ପ୍ରେମରେ ପଡେ ।

♥♥

ତୁମେ ଥିବା ଆଉ ନଥିବା
ବେଳେବେଳେ ଏକା କଥା
ତୁମେ ଥିଲା ବେଳେ ମୁଁ ତୁମକୁ ଚାହେଁନି
ତୁମେ ପଢି ପାରନି,

ଆଉ ତୁମେ ନଥିଲା ବେଳେ
ମୁଁ ବୁଝେ ଯେ'
ଦୂରତା ବେଶ ଗୋଟେ ବଡ କଥା ନୁହେଁ,

ତୁମେ ସ୍ଥବିର ଆଉ ମୁଁ ଅସ୍ଥିର
ଏଇ ବୋଧେ ଆମକୁ ବାନ୍ଧିରଖେ
ତୁମେ କଣ ଏତକ ବୁଝିପାରେ ?

♥♥

ତୁମେ ମୋତେ ଛାଡ଼ିଯିବାଟା ହିଁ
ମୋର ଚରିତ୍ରହୀନତାକୁ ପ୍ରମାଣିତ କଲା,
ଯଦିଓ ତୁମେ "ଅଗ୍ନିରେ ଓହ୍ଲାଅ" ବୋଲି କହି ନଥିଲ
ତେବେ ବି ତୁମେ ରାମ ହେଲ

ଆଉ ମୁଁ ତୁମକୁ ଘୃଣା କଲି !
ସତରେ ! କରି ପାରିଲି କି ? ?

♥ ♥

ମୁଁ ପାପକୁ ଘୃଣା କରେନା
ନର୍କ ମୋର ପ୍ରିୟତମ ଜାଗା
କିନ୍ତୁ ତୁମେ ଦେବତା ହେଲେ ବି
ପତିତ ତ,
କେତେ ପ୍ରମାଣ ଦେବି ?
ତେବେ ମୋର ଦୋଷ କଣ ?
ଆଉ କାହିଁକି ?

ଅଗ୍ନି ସରସ୍ୱତୀ - ୬

ତୁମେ କବିତା ଲେଖ,
ସେକୁହେ, ବାରମ୍ବାରକୁହେ !
ମୁଁ କବିତା ଗାରାଏ
ସେ କବିତାରେ ସେ' ନଥାଏ, ମୁଁ ନଥାଏ

ଯେ' ଥାଏ,
"ସେ ଲୋକଟା ତମ ପ୍ରେମିକ"
ସେ ଅଭିମାନ କରେ ଆଉ ମୁଁ
ତା' ଛାତିରେ ମୁଣ୍ଡ ରଖି କବିତାରେ ହଜିଯାଏ

ରାତି ପାହି ସକାଳ ହୁଏ
ଖାଲି ଚା' କପ ଆଉ କିଛି ୱ୍ରାପର୍ ପ୍ୟାକେଟକୁ
ମୁଁ ଅଳିଆ ଗଦାରେ ଫିଙ୍ଗିଦେଇ ଆସେ। (ସମ୍ପର୍କ)

ସେଦିନ କହିଲା,
ତୁମ ଦେହର ଗୋଟେ ଆକର୍ଷଣ ଅଛି
ଅଛି ଗୋଟେ ବାସ୍ନା,
ତୁମକୁ ଥରେ ଛୁଇଁବାର ଅଛି,
ଯେଉଁଦିନ ସେ ଆସିଲା,
ଆମେ ସାମ୍ନାସାମ୍ନି ଥିଲୁ

ସେ ହାତ ବଢ଼େଇଲା, ମୁଁ ବୁଜିଦେଲି ଆଖି
ବେଶ କିଛି ସମୟ,
ନା ସେ ଇନ୍ଦ୍ର ଥିଲା, ନା ମୁଁ ଅହଲ୍ୟା !

❤❤

ତୁମକୁ ଘୃଣା କରିବାକୁ ଯଥେଷ୍ଟ କାରଣ ଅଛି
ହେଲେ ତୁମକୁ ପ୍ରେମ କରିବାକୁ
କେବଳ ଗୋଟିଏ କାରଣ ଯଥେଷ୍ଟ
ତୁମେ ମୋତେ ପ୍ରେମ କରନି !
ନୁହେଁ ?

❤❤

ତୁମେ ମୋ ପ୍ରେମ ହେଇପାରେ
ନିଶା ବି,
ହେଲେ ମନେ ରଖ,
କେବଳ ମୁଁ ହିଁ ତୁମ ପାଗଳାମୀ !

❤❤

କେବଳ ତୁମ ପ୍ରତାରଣା ହିଁ ମୋତେ ଶିଖାଏ
କେମିତି କବିତା ଲେଖିହୁଏ,
ତୁମ ପ୍ରେମ ମୋତେ
ମୋର ପ୍ରିୟ ନର୍କକୁ ଓଟାରି ନିଏ,
ଏଥରକୁହ କାହା ପାଇଁ ଦରଜା ଖୋଲିବି ?

❤❤

ମୁଁ ଫୁଲକୁ ଘୃଣା କରେ
ଆଉ ଭଲପାଏ କ୍ୟାକଟସ୍‌କୁ
ସେଥିପାଇଁ ବୋଧେ
କ୍ଷତାକ୍ତ ହେବା ମୋ ନିୟତି ।

ଅଗ୍ନି ସରସ୍ୱତୀ - ୭

ମୁଁ ତୁମ ପ୍ରେମର ନୁହେଁ
ତୁମ ନିରବତାର ପ୍ରେମରେ ପଡ଼େ,
ମୁଁ ତୁମ ଆବେଗକୁ ନୁହେଁ
ବରଂ ତୁମ ଅନ୍ୟମନସ୍କତାକୁ ଭୋଗେ !

❤❤

ତୁମେ କହିଲ,
"ଏଇ ଦେଖ ମୁଁ ଫେରି ଆସିଛି"
ସେତେବେଳକୁ ମୁଁ ଘର ବାହାରେ ଥିଲି
ଘରେ ତାଲା ପଡ଼ିଥିଲା
ଆଉ ତା ଚାବି
ମୁଁ ଢେର ଆଗରୁ ହଜାଇ ସାରିଥିଲି ।

❤❤

ତୁମେ ମୋତେ ପ୍ରେମ କଲା ବେଳେ
ମୋ ଆଖି ବନ୍ଦ ଥାଏ,
ତୁମେ ମୋତେ ଚୁମା ଦେଲା ବେଳେ
ମୋ ଆଖି ବନ୍ଦ ଥାଏ,
ତୁମେ ମୋ ଦେହରୁ ବସ୍ତ୍ର ଖୋଲିଲା ବେଳେ
ମୋ ଆଖି ବନ୍ଦ ଥାଏ,
ଏ ସବୁବେଳେ ମୁଁ ତୁମକୁ ଦେଖି ପାରିବିନି !
ପ୍ରେମିକ ଓ ଦାନବ ଭିତର ଫରକ ତୁମେ ବୁଝନି ।

ତୁମ ସହ ସମ୍ଭୋଗରେ
ମୁଁ ତୃପ୍ତ ହୁଏ,
ତୁମେ ଯେତିକି କୋମଳ
ସେତିକି ସଶକ୍ତ,
ଆଉ ତୁମର ମୋତେ ଦେଖିବା,
ଆହା ମୁଁ ମରିଯାଏ !

ପଢ଼ିଛ,
ଅନେକ କବିତାରେ କେବଳ ତୁମ କଥା
ଆଉ କେବଳ ମୋ କଥା ଲେଖା ଅଛି,
ଆମ ପ୍ରେମ କଥା ଅନେକ ଜାଣନ୍ତି,
ତୁମକୁ ଲାଜ ମାଡେ କି ?

ଅଗ୍ନି ସରସ୍ୱତୀ - ୮

ମୋତେ ନିର୍ବସ୍ତ୍ର କଲା ବେଳେ
ତୁମେ ହାତ ଥରୁଥାଏ,
ମୋ ଓଠ ସେତେବେଳେ ଥରେ
ଯେତେବେଳେ ମୁଁ ତୁମକୁ ଦେଖେ,

ତୁମକୁ ବାରମ୍ବାର ହରାଇବା
ମୋର ଅଭ୍ୟାସରେ ପଡ଼ି ଯାଇଛି
ଏଥର କିଛି ବଦଭ୍ୟାସ
ବଦଳାଇ ଦିଆଯାଉ !

ତୁମେ ଠିକ ସେ ଅଭିଶପ୍ତ ଅସୁର ପରି
ଯେ ରାଜକନ୍ୟାକୁ ହରଣ କରେ

କିନ୍ତୁ ଅପେକ୍ଷା କରିଥାଏ ସେ ରାଜକୁମାରକୁ
ଯାହା ହାତରେ ମରିଯିବା ତା' ନିୟତି,

ଦୟାକର; ମୋତେ ସେ ରାଜକନ୍ୟା ହେବାକୁ ଦିଅନି !

କେବଳ ତୁମ ଚୁମା ପାଇଁ
ମୁଁ ଅଭିଶପ୍ତ ହେବାକୁ ରାଜି,
କିନ୍ତୁ ତୁମେ କଣ ପହଞ୍ଚି ପାରିବ
ମୁଁ ତୁମ ଡରକୁ ଜାଣେ, ଜାଣେ ତୁମ ଦୁନିଆଦାରିକୁ !

♥♥

ମୁଁ ଯେ ଖୁବ ସୁନ୍ଦର
ତୁମେ ଏ କଥା ଜାଣ,
କିନ୍ତୁ କେବଳ ସୌନ୍ଦର୍ଯ୍ୟ ଛଡା
ମୋ ପାଖରେ ବେଶ କିଛି ଅଧିକ ଅଛି
କେବେ ଦେଖିଛ ?

ଅଗ୍ନି ସରସ୍ୱତୀ - ୯

ମୁଁ ରାତି ରାତି ତୁମ ସହ ବିଛଣାରେ ଥାଏ
ତୁମେ ତୃପ୍ତିରେ ଶୋଇରୁହ
ଆଉ ମୁଁ ଶୋଷରେ ଆଉଟି ପଡୁଥାଏ,

❤❤

ଆଜି କାଲି ବେଶ ଗୁଡ଼ିଏ ହାତ ମୋ ଆଡକୁ ଲମ୍ବିଆସେ
ସେ ହାତରେ ନଖମାନେ ଲମ୍ବା ଆଉ ଅପରିଷ୍କାର
ମୋର ଗୋଟେ ପରିଚ୍ଛନ୍ନ ଅଥଚ ଶକ୍ତ ପାପୁଲି ଲୋଡା
ଯେଉଁ ହାତରେ ହାତ ଥୋଇ
ମୁଁ ନିଜକୁ ସୁରକ୍ଷିତ ଭାବିବି !

❤❤

ଏଥର ତୁମକୁ ବୁଝିବାକୁ ହେବ ଯେ'
ମୁଁ ଆଉ ନାହିଁ
ଏଥର ଏ ସମ୍ପର୍କରେ ତୁମେ ଏକା
ଯଦିଓ ଏ ସମ୍ପର୍କ ସବୁବେଳେ
ଏକା ଏକା ଗତିଶୀଳ ଥିଲା ।

❤❤

ତୁମେ ମୋ ଓଠର ତିଳ ଚିହ୍ନ କଥା ପଚାର
ପଚାର ଯେ ମୋ ଛାତିରେ ନାଲି ତିଳଟେ ଅଛି କି ?
ଏଇ ନିଅ ମୁଁ ମୁକୁଳା କଲି ଛାତି
ଆଖି ବନ୍ଦ କରନି
ଅପମାନିତ ହେବ ଏ ରାତି

ଅଗ୍ନି ସରସ୍ବତୀ - ୧୦

ତୁମେ ସମ୍ପର୍କକୁ
ଦୁଇଟି ବ୍ୟକ୍ତି ବୋଲି ଭାବିପାର,

ମୁଁ ଜାଣେ ଯେ'
କେବଳ ଜଣେ ବି ଗୋଟେ ସମ୍ପର୍କକୁ
ପୁରା କରିପାରେ
ଆଉ ଜଣେ ଥାଉ ବା ନଥାଉ,

ଯେମିତି ମୁଁ ଅଛି,
ସମ୍ପର୍କ ଟେ ଅଛି,
ତୁମେ ଥିବା ନଥିବା ଏକା କଥା ।
♥ ♥
ଏ ପ୍ରେମ ପାଇଁ ମୁଁ ହିଁ ଯଥେଷ୍ଟ।

ତୁମେ କାଲି ଆସିପାର,
ଦୁଆର ଖୋଲା ଥାଇ ପାରେ,

ଯେମିତି ଆଉ କେହି ଆସିଲେ ବି
ଏ ଦୁଆର ଖୋଲାଥିବ !
♥ ♥
ସେ କହିଲେ,
"ତୁମ ପ୍ରେମିକକୁ ଇର୍ଷା ହୁଏ"

ମୁଁ ଅଳ୍ପ ହସିଲି,
ଇଚ୍ଛା ଥିଲା କହିବାକୁ,
ଯାହାକୁ ତୁମେ ଈର୍ଷା କର ସେ ମୋ ପ୍ରେମିକ ନୁହେଁ
କେବଳ ମୁଁ ତାର ଏକମାତ୍ର ପ୍ରେମିକା
ହୋଇପାରେ !

♥♥

ଏ ଅନ୍ଧାର ଘର ମୋର ପ୍ରିୟ
ଏଠି ଟେବୁଲ ଲ୍ୟାମ୍ପଟେ ଅଛି,
ଅଛି କବିତା ଖାତା,
ଗୋଟେ ମଗ ବାମ୍ପଉଠା କଫି
ଅପାର ସ୍ୱର,

ତୁମେ ଏଠି କୋଉଠି ବି ନାହଁ
ମୁଁ ଖୁସି ଅଛି,

ଯଦିଓ ଆଉ ଟିକେ ଆଲୁଅ ଦରକାର
ପଡ଼ିପାରେ !

♥♥

ସାଦା କାଗଜରେ ଲେଖି ଲେଖି
ଛିଣ୍ଡି ପଡ଼ିଲାଣି ଆଙ୍ଗୁଠି
ତଥାପି ମୋ କବିତା ଲେଖିବା ସରୁନି !

ଯେମିତି ମୋତେ କିଏ ଅଭିଶାପ ଦେଇଛି,
କବିତା ହିଁ ମୋ ଏକମାତ୍ର ବିଷ
କବିତା ହିଁ ମୋର ଏକମାତ୍ର ପ୍ରେମ
ହୁଏତ ମୁକ୍ତି ବି !
କିନ୍ତୁ ମୋର କଣ ସତରେ ମୁକ୍ତି ଦରକାର କି ?

ଅଗ୍ନି ସରସ୍ୱତୀ - ୧୧

ମୋର ଶୋଇ ରହିବା ବେଶ କିଛି ଯୁଗ ହେଲାଣି
ତୁମେ ଆସିନାହିଁ,
ମୁଁ ଯାହା ଓଠ ଚୁଆଁରେ ଉଠିଲି
ସେ ମୋତେ ପ୍ରେମ କରୁଥିବା ସେଇ ଲୋକଟି,
ଯିଏ ଦିନେ ଛୁଞ୍ଚିରେ ଫୁଟିଯାଇଥିବା ମୋ ଟିପଟିକୁ
ଦୁଇ ଓଠରେ ଚାପି ଧରିଥିଲା !
ମନେ ପଡୁଛି ?

❤ ❤

ମୁଁ ପାହି ଯିବା ଆଗରୁ ଆସ
ହୁଏତ ମୁଁ ମୋର ଶେଷ ବୁନ୍ଦା ପ୍ରେମ ବି
ତୁମ ପାଇଁ ସାଇତି ଥାଇପାରେ ?
କିନ୍ତୁ ମୋ ପରେ ...
ମୋ ପ୍ରେମ ଉପରେ ସମ୍ପୂର୍ଣ୍ଣ ଅଧିକାର ସେଇ ଲୋକର
ଯାହାକୁ ମୁଁ ମନା କରିଦେଇ ଥିଲି
" କ୍ଷମା କରିବ ତୁମ ଭାଗରେ ମୁଁ ନାହିଁ " !
(ଇଚ୍ଛାପତ୍ର)

❤ ❤

ମୋ ଦେହ ଗୋଟେ ମହାର୍ଘ ଦେବାଳୟ ନୁହେଁ
ଯେଉଁଠି ତୁମେ ବର୍ଷକରେ ଥରେ ଆସି
ଧୋଇ ଦେଇ ଯିବ ତୁମ ପାପ

ମୋ ଦେହ ଗୋଟେ ତୱାଇଫ୍‌ର କୋଠି
ଯେ' ଚିରକାଳ ସଙ୍ଗୀତମୟ
ବୁଝି ପାରିବ ?
ଫରକ !

ମୁଁ ପ୍ରେମ କରିବାକୁ ଲୋକଟେ ଖୋଜେ
ମୋତେ ମିଳେ ଦେହଟେ
ସବଳ, ସୁନ୍ଦର ଆଉ ସରଳ
କିନ୍ତୁ ଜଣେ ଲୋକ ଆଉ ଗୋଟେ ଦେହ
କଣ ଏକା କଥା ?

ସେ ଲୋକର ଚା କପରେ ମୋ ମୁହଁ ଦିଶେ
ତା' ଲଞ୍ଚବକ୍ସରେ ଥାଏ ମୁଁ
ଆଉ ତା ଡ଼ିନର ଟେବୁଲ ଉପରେ ମୋ ପ୍ରେମ
ତଥାପି ମୁଁ ନିଜକୁ ଅଣ୍ଡାଳେ ତା ଭିତରେ
ତା ଛାତିରେ ଛୋଟିଆ ଜାଗାଟେ ଦରକାର
ସେ ଘରର କାନ୍ଥ ନଥିଲେ ଚଳିବ ।

ମୁଁ ସେ ଲୋକର ଆଖିର ପ୍ରେମରେ ପଡେ
ସେ ଲୋକର ଆଖି ଠିକ ତା କବିତା ପରି
ଖୁବ କମ୍ ଶବ୍ଦ ଆଉ ମେଞ୍ଚେ ନୀରବତା
ମୁଁ ତା କବିତାକୁ ଇର୍ଷା କରେ,
ଆଉ ଆଖିକୁ ପ୍ରେମ ?

ସେ କହେ ମୋ ପରି ତା କବିତା
ତା କବିତା ଖାତା ସାରା ମୁଁ ମୁଁ ବାସ୍ନା
ତା ଦେହ ସାରା ସାଲୁ ବାଲୁ କବିତା

ମୁଁ ନଥିଲା ବେଳେ ବି ସେ ମୋତେ ଭୋଗେ
ସେ କହେ ମୁଁ ତାର କବିତା ପରି
ତା କବିତା ପରି ମୋ ଦେହର ତୃଷ୍ଣା

ଅଗ୍ନି ସରସ୍ୱତୀ - ୧୨

ମୁଁ ଜଗନ୍ନାଥ ପିଣ୍ଡର ବ୍ରହ୍ମ ନୁହେଁ ଯେ'
ମୋତେ ଛୁଇଁ ତୁମେ ଜୀବନ୍ୟାସ ପାଇଯିବ,
ମୁଁ ତୁଚ୍ଛା ଦେହଟେ ମାଟିର,
ହୁଏତ କାଚର
ଆସ୍ତେ ଛୁଇଁ ଦେଇ ଯାଅ,
ତୁମ ପ୍ରେମର ମୃଣ୍ମୟଟେ ହେବି !
ପାରିବ ?

ଠିକ କାଲିଠୁଁ ମୋତେ ଗଢିବାକୁ ଆରମ୍ଭ କର
ତୁମ ଇଚ୍ଛାରେ ଖଞ୍ଜି ଦିଅ ଅବୟବ
ଆଖି
ଓଠ
ନାକ
ପାଟି
ସ୍ତନ
ନାହିଁ
ଜଙ୍ଘ
ଓ ଯୌନାଙ୍ଗ

ତା ପରେ ହୁଏତ
ମୁଁ ତୁମ ଇଚ୍ଛାମତେ ହେବି

କିନ୍ତୁ ଆଜି
ମୁଁ ଠିକ୍ ମୋ ପରି !

ଆସ,
ଗୋଟେ କୁରାଢ଼ୀ ଧର
ହାଣ ମୋତେ,

ଯେଉଁଠୁଁ କାଟିବ
ଆଉଥରେ ଉଭବିବି ନିଜକୁ

ତୁମେ କାଟି ଚାଲ
ମୁଁ ରକ୍ତବୀର୍ଯ୍ୟ ହେବି

ମନେରଖ ମୁଁ ନିଜେ ହିଁ ମହାକାଳୀ
ମୋ ପାଇଁ ମରଣ ଟେ ନାହିଁ !
(ନାରୀବାଦ)

ମୋ ପରେ,
ମୋ ପରି ଖୋଜୁଛ

ମିଳିଲେ, ଥରେ ତାକୁ ମୋ ନାଁ'ରେ ଡାକିବ
ସେ ଓ ନକରିବାଟା ଥାଉ,
ମୁଁ ମୋ ପରି ଏକମାତ୍ର ।
(ଅହଂକାର)

ଅଗ୍ନି ସରସ୍ୱତୀ - ୧୩

ମୋ ପ୍ରେମ କଥା ପଚାରୁଛ ?
ମୁଁ ମରିପାରିବିନି,
ବାକି ଯାହା ସବୁ ତୁମର
ନେଇଯାଇ ପାର !
(ଆସ୍ପର୍ଦ୍ଧା)

♥♥

ତୁମକୁ ସ୍ତନ୍ୟପାନ କରାଇଲା ପରେ
ମୁଁ ତୁମକୁ ଶୁଆଇ ଦିଏ ନିଘୋଡ ନିଦରେ
ମୁଁ ଜାଣେ ଯେ' ତୁମେ ଭୋକିଲା ଅଛ,
କିନ୍ତୁ ତୁମେ ମୋର ସନ୍ତାନ ନୁହେଁ,

ମୁଁ ଆଜି ବି ତୁମକୁ ପୂର୍ବ ପରି ପ୍ରେମ କରେ,

ଯେହେତୁ ମୁଁ ମା' ଟେ
ମୋତେ ଭୋକ ଚିହ୍ନି ଆସେ !

ଅଗ୍ନି ସରସ୍ୱତୀ - ୧୪

ତୁମେ କହିଲ
କୋଉଠି ତୁମେ ?

ମୁଁ ଥିଲି ବାୟୁ ପରି
ତୁମ ଆଖ ପାଖରେ,

ନାକରେ ହାତ ଦେଇ ଦେଖ
ଛାତିରେ ଭିତରେ ଆଉ କିଏ କି ?

❤ ❤

ତୁମର ସମ୍ଭୋଗ ପାଇଁ ଦେହଟେ ଦରକାର
ଆଉ ମୋର ସମ୍ଭୋଗ ପାଇଁ ପ୍ରେମ,

ତୁମେ ଦେହ ଆଣ
ମୁଁ ପ୍ରେମ ଆଣୁଛି
ଏକାଠି କରିବା,

ଦେହ ଆଉ ପ୍ରେମ ଏକ ହେଲେ ତ
ସମ୍ଭୋଗ ଘଟେ,

ଚାଲ ଘଟଣାଟେ ଘଟାଇବା ।
❤ ❤

ତୁମ କବିତା ହିଁ ମୋତେ ପ୍ରେମମୟ କରେ
କାଲି ଠୁଁ ମୁଁ ଶବ୍ଦ ଯୋଗାଡୁଛି
ତୁମେ କିଛି ଚୁମା ଆଣ
ଫାଳେ ହସର ଲୁଣ ଛିଞ୍ଚ
ଏଥିର ପ୍ରସ୍ତୁତ ପ୍ରେମର ଆଚାର
କାହାକୁ ଖଟା କାହାକୁ ମିଠା ଲାଗିପାରେ
ସ୍ୱାଦ ନିଜ ନିଜର ।

♥ ♥

ଆଜି ଠୁଁ ଅନେକ ବର୍ଷ ତଳେ
ମୁଁ ତୁମ ପ୍ରେମରେ ପଡ଼ିଥିଲି,

ତୁମେ କହିଲ,
କପାଳରୁ ଉତରି ହୃଦୟରେ ପଡ଼ିଯିବାଟା ପ୍ରେମ,

ମୋର ମନେ ଅଛି ସେ ଅବରୋହଣର କାଳ
ଆରୋହଣର ରାଗ ଭୁଲିଯିବାଟା
ଖୁବ୍ ବେଳ ହେଲାଣି,

ସା, ନି, ଧା, ପା
ଧା, ପା, ଧାପା

ନାଁ ମନେ ପଡୁନି
ମୋ ଗୀତମାଷ୍ଟର ଯିବା ବି ଖୁବ ଦିନ ହେଲାଣି ।
(ଅଭିଶାପ)

♥ ♥

ସେ ଲୋକର ପ୍ରେମ ମୁଁ ଦେଖିଛି
ଖୁବ୍ ଅଥୟ ତା ସ୍ୱର

କେବେ ମୋ ନାଁରେ ଡାକିବା ଶୁଣିନି,

ଶୁଣିଛି ତାର କବିତା ତକ
ଜାଣେ ଯେ'
ସେ ରାତି ରାତି ଅନିଦ୍ରାରେ କବିତା ଲେଖେ,

ମୁଁ ମୋ ଅତନ୍ଦ୍ର ରାତିତକ ତାକୁ ଦେଇଛି
ତା ଅଭଦ୍ର କବିତା ପଢିବାରେ,

ପ୍ରେମ ଆଉ କଣ କି ?

ଯେଉଁ ଦିନ ଜହ୍ନ ଡଙ୍ଗା ବାହି ମୋ ଦୁଆରେ ଆସିଲା
ଠିକ୍ ସେଇ ଦିନ ଅମାବାସ୍ୟାକୁ ଜମା ଛ' ଦିନ ଥିଲା

ତା ପରଠୁଁ ଲୋକ ଅମାବାସ୍ୟାକୁ ଲୋଡ଼ିଛନ୍ତି
ସେ ଫେରିନି,

ଜାଣ;
ଜହ୍ନର ଡଙ୍ଗାରେ ସେଦିନ ପୁଳେ ଅନ୍ଧାର ଥିଲା

ଯାହାକୁ ମୁଁ ଆଜି ବି କଜ୍ଜଳ କରି
ନାଇଛି ଆଖିରେ !
ଅଥ
ତୁ ପଚାରିଲୁ,

କଣ ଥାଏ ଶେଷ ପ୍ରଶ୍ନରେ
ତୋର କଣ ସତରେ ଉତ୍ତରଟେ ଲୋଡା ?

ଅପା ଲୋ;
କେବେ ସମୁଦ୍ରରେ ବିସର୍ଜନ କରିଛୁ ଅନନ୍ତ ବ୍ରତ
ଲୋକ ଯାଣନ୍ତି ଯେ, ସେ ପୁଣି ଫେରିବ
ତଥାପି ବିଧିରେ ସମୁଦ୍ର ଫୋପଡା ଲେଖା,

ପ୍ରେମର ବି ଗୋଟେ ବିଧି ଥାଏ
ଶେଷ ପ୍ରଶ୍ନ,
ଯାହାର ଉତ୍ତର ନଥାଏ,
ହୁଏତ ଦରକାର ପଡେନି ।

ମୋର ସେ ତୁଠକୁ ଫେରିବାର ନଥିଲା
ତଥାପି କିଛି ମାଛ ଥିଲେ ସେଠି
ଆଉ ମୋ ପାଖରେ ବି
ବେଶ କିଛି ଦାନା ବଳିଥିଲା ।
(ଆକ୍ୱାରିୟମ୍)

ଅଗ୍ନି ସରସ୍ୱତୀ - ୧୫

ସେ ଲୋକଟା ସହ ପରିଚୟ ପରେ
ମୁଁ ତାକୁ ମନା କରିଦେଲି ମୋ ଦୁଆର

ମୋର ଭୟ ଥିଲା ଯେ'
ତା ପାଖରେ ମୋ ଘରର ଚାବି ଅଛି

ଆଉ ସେ ନିଶ୍ଚେ ପଶି ଯାଇ ପାରେ
ମୋର ଅଲକ୍ଷରେ,

ବେଳେବେଳେ ଭୟ ମାନେ ବି ସତ ହୁଅନ୍ତି !
(ହୃଦୟ)

❤ ❤

ତାକୁ ପଚାରିବାରୁ ସେ କହିଲା ଯେ'
ମୋତେ ସେ ଜାଣେ
ଜନ୍ମାନ୍ତରରୁ,

ମୁଁ କାଳେ ତାର ଏକମାତ୍ର ଅବଶୋଷ
ଯାହାକୁ ସେ ପାଳିବାକୁ ବାଧ୍ୟ,

ଆଉ ଏ ଜନ୍ମ ପାଇଁ
ମୋ ଦାୟରେ ତା' ସମ୍ମାନ ।
(ସ୍ୱାମୀ)

ମୁଁ ଥରେ ମାଛଟିଏ ଥିଲି
ନାଲି ମାଛଟେ,

ବିଶାଳ ସମୁଦ୍ର ମୋର ଘର ଥିଲା
ଆଉ କିଛି ସମୁଦ୍ର ଘୋଡା ମୋ ସାଙ୍ଗ

ସେଦିନ
"ମୁଁ ଦିନେ ମାଛ ଥିଲି" ରଚନା ଲେଖିବା ବେଳେ
ଭାବି ନଥିଲି ଯେ'

ମୋତେ ଦିନେ ସତରେ ମାଛ ହେବାକୁ ହେବ
ଧିବରର ଜାଲରେ ଧରା ପଡ଼ି
ମୋତେ ମାଟିରେ ବି ମାଟି ଅଣ୍ଡାଳିବାକୁ ହେବ

ଠିକ କାଲି ପରଠୁଁ ଆଉ କବିତା ଲେଖିବିନି
କହିଥିବା ଝିଅଟି,

ଆଜି ସାରା ରାତି କେବଳ କବିତା ଲେଖିଲା,

ରାତି ପାହି ସକାଳ ହେଲା
ନା କବିତା ଲେଖା ସରିନି

ସତରେ କଣ 'କାଲି'ଟେ କେବେ ଆସେ କି ?
ସେ ଜାଣେନି !

ତୁମ ପ୍ରେମିକମାନଙ୍କ ସଂଖ୍ୟା କେତେ ?
ପଚାରିଥିବା ଲୋକଟିକୁ
ମୁଁ ଭୁଲ ଗଣିତଟେ କହିଥିଲି,

ମୋର ମନେ ନଥିଲା ଯେ'
ପ୍ରଶ୍ନ କରିଥିବା ସେ ଲୋକ ବି
ଦିନେ ମୋର ପୂର୍ବତନ ପ୍ରେମିକ ଥିଲା ।

ଅଗ୍ନି ସରସ୍ବତୀ - ୧୬

ଜହ୍ନ, ଜଳ, ମାଟି ଓ ଆକାଶ
ସବୁ ତୁମର, ନେଇଯାଅ

ଯିବା ଆଗରୁ ଆସ,
କେବଳ ଶେଷଥର ଭୋଗ ମୋତେ !

ମୁଁ କେବଳ ଥରେ ମାତ୍ର ତୁମକୁ
ମୋ ଜରାୟୁରେ ସାଇତିବାକୁ ଚାହେଁ ।

♥ ♥
କେବଳ ଥରେ ତୁମେ ଛୁଅଁ
ତୁମ ଛୁଆଁରେ ମୁଁ ଉର୍ଦ୍ଧ୍ବଗାମୀ ହୁଏ,

ଅନେକ ଛୁଇଁଛନ୍ତି ମୋତେ
ମୋତେ ପତିତା କରି ପତିତପାବନ ବୋଲାଇଛନ୍ତି

ରାମ ହୁଅନା,
ମୋତେ ମୀରା କି ରାଧା କରନା,

ଦେଖ ମୁଁ ଦେବଦାସୀର ପୋଷାକରେ
ଶୁଣ ଗୀତ ଗୋବିନ୍ଦ
ଏଇଥର ପ୍ରେମିକଟେ ହୁଅ,

ତୁମ କଣ୍ଠରୁ ମୋ ସ୍ୱରରେ ଝରୁ ଗୀତ
ଦେହି ପଦ ପଲ୍ଲବ ମୁଦାରମ୍
ଦେହି ପଦ ପଲ୍ଲବ ମୁଦାରମ୍ ।

ଅଗ୍ନି ସରସ୍ୱତୀ-୧୭

ସେ ଥରେ ଆଶୀର୍ବାଦ କରିଥିଲେ,
ସେବେଠୁଁ ମୁଁ ହାତ ଧରିଛି ଶବ୍ଦର

ମୁଠା ଫିଟିନି,

ଥରେ ହେଲେ କହିଥାନ୍ତେ;
ପ୍ରେମ ପାଉଥାଅ !
ଅଥ
ସେ ଲୋକକୁ ପ୍ରେମ କରିବା
ମୋର ଏକାନ୍ତ ବ୍ୟକ୍ତିଗତ ବ୍ୟାପାର
ଏଥିରେ କାହାର ହସ୍ତକ୍ଷେପ
ନିରର୍ଥକ,

ଯେମିତି ସେ ନିଜେ ଦିନେ
ମନା କରିଦେଲା,
ବିଶ୍ୱାସ କର ମୁଁ ନ ଥିଲି ପ୍ରେମରେ !

ସେବେ ଠୁଁ, ମୁଁ ଗୋଟେ ସବୁଜିମା
କେବଳ କିଛି ଦାଗ ବାକି ଥାଇପାରେ
ଚଳିବ !

ତୁମେ ଥିଲ

ମୁଁ ଥିଲି
ତୁମେ ଚାଲିଗଲ
ମୁଁ ଥିଲି
ତୁମର ଫେରିବାର ନଥିଲା
ତଥାପି ମୁଁ ଥିଲି,

ମୋର ଥିବାଟା ସତ
ତୁମେ କେବଳ ଗୋଟେ ଆକୃତି
ମିଛର !

❤❤

କେତେ ନିଷ୍ଠୁର ହୋଇପାରେ ଗୋଟେ ସତ୍ୟ
ମୋର ଏତେ ବର୍ଷର ପ୍ରେମ ଠୁଁ ତ ହୋଇ ନଥିବ !

ଯେଉଁମାନେ ମୋ କବିତାରେ ପ୍ରେମ ଖୋଜିଲେ
କେବଳ ସେଇମାନଙ୍କ ପାଇଁ
ମୁଁ ପ୍ରେମିକାଟେ,
ଆଉ ବିଶ୍ୱାସ କରନ୍ତୁ

ଜଣେ ପ୍ରେମିକା ହିଁ ଜାଣେ
ବିଦ୍ରୋହର ପ୍ରତିରୂପ କଣ !

❤❤

ଆଜି କାହିଁକି ଅବସୋସ ହେବ
ମୁଁ ଯେ' ପ୍ରେମ କରିପାରେ
ନିଃସ୍ୱାର୍ଥପର,
ଏହା ଠୁଁ ବଡ଼ ଉପଲବ୍ଧିଟେ ଅଛି କି ?

❤❤

ପ୍ରେମ ସରି ଯାଏନି
ସେ ତାର ରୂପ ବଦଳାଏ,

କାଲି ତୁମର ଥିଲା
ଆଜି ହୁଏତ ଆଉ କାହାର !

କିନ୍ତୁ ପ୍ରେମ ଥିଲା
ଅଛି, ଥିବ;

ତୁମେ ଥିବା ନଥିବା ବେକାର କଥା !
ଏଥର ଯିବାକୁ ଦିଅ

ଅଗ୍ନି ସରସ୍ୱତୀ-୧୮

ମୋର ବଞ୍ଚିବା ଆହୁରି ବାକି ଅଛି

ଗୋଟେ ଅଧା ଜୀବନ ପରେ
ଏଥର ଗୋଟେ ନୂଆ ଆରମ୍ଭ

କିଏ ଜଣେ ହୁଏତ
ଯାଚିପାରେ ପ୍ରେମ

ଆଉ ଜଣେ
ଯାଚିପାରେ ଦେହ,

ମୁଁ ବି ଜଣକୁ ଏକାତ୍ମ କରି
ଗଢିବି ଗୋଟେ ନୂଆ କଳେବର

ଯାହାର ଏତେ ଟିକେ ବି ନିଶା
ତୁମ ପ୍ରେମ ପରି ନଥିବ !

ଏଥର ମୁଁ ସମ୍ପୂର୍ଣ୍ଣ !

ମୋତେ ତୁମ ପରି ଗଢିବାରେ
ଖୁବ ଗୋଟେ କାଳ ବିତିଗଲା

ମୁଁ ମୋ ପରି ଥିଲି
ଆଉ ତୁମେ ହାତୁଡ଼ିରେ ପିଟିଲ
ନିହାଣରେ ମୁନରେ
ମୁଗୁନି ପଥର ପରେ ଯାହାକୁ ଆଙ୍କିଲ
ସେ ଗୋଟିକ

ଗୋଟେ ଅଭିଶପ୍ତ ଅପ୍‌ସରି !

ମୁଁ ଆଜି ତା ପାଷାଣର ପିଣ୍ଡକୁ
ବିସର୍ଜନ କଲି ଜଳରେ
ଏଥର ସେ ମୁକ୍ତ

ଆଉ ମୁଁ ଏଥର
ମୋ ଦେହକୁ ଫେରିଲି !
ଅଥ
ମୁଁ ଆଜି ଠୁଁ ତାକୁ ସ୍ୱପ୍ନ ଦେଖିବାକୁ
ଆରମ୍ଭ କରେ
ଯେ' କେବେ ବି
ମୋ ସହ ସହବାସରେ ନଥିଲା,

ଶେଷ ସହବାସ ପରେ
ହୁଏତ ତା ଭାଗରେ
ମୋର ପ୍ରେମ ଲେଖା ଥିଲା !

ମୁଁ ବୁଝି ପାରେନା ଯେ'

ତୁମେ ଛଳନାର ମୁଖା ନାଇ
ଦିନେ ରାହୁଳର ବେଶରେ ଆସିଥିଲ

ଦେବୀର ଛଦ୍ମବେଶରେ ଦାନବ
ଆଉ ଦାନବର ନଖ ତଳେ
ମଣିଷର ଆବରଣ ନେଇ ଆସିଥିଲ !

ବୁଝିବାକୁ ଅଳ୍ପ ଟିକେ ଡେରି ହେଲା

ବୁଝି ହେଲା, ସେତିକି ଯଥେଷ୍ଟ !

ଅଗ୍ନି ସରସ୍ୱତୀ-୧୯

ଆମେ ବନ୍ଧୁ
ମୁଁ କହିଲି,

ସେ କହିଲେ ମୁଁ ତୁମ ପ୍ରେମରେ

ମୋ ମୁହଁ ଧିରେ ରଙ୍ଗ ବଦଳାଉଥିଲା,
ଆଖି ପତା ନଇଁ ପଡୁଥିଲା !

ପ୍ରେମର ରଙ୍ଗ କଣ
ସେ ପଚାରିଲେ
ମୁଁ କହିଲି ସବୁଜ,

ସେ ମୋତେ ପ୍ରକୃତି ଭେଟିଦେଲେ

ସେବେ ଠୁଁ ସେ ମୋ ପୁରୁଷ !

ସେ ଆଖିରେ ମୋ ସୌନ୍ଦର୍ଯ୍ୟ
ଠିକ ପାଷାଣର ନଟୀ ପରି
ଅଜନ୍ତାର ଚିତ୍ରକଳା ପରି

ସେ ମୋତେ ଦେଖନ୍ତି ଇନ୍ଦ୍ରବତ
ଶତ ସହସ୍ର ଆଖିରେ,

ମୁଁ ପାଷାଣରୁ ପ୍ରାଣ ପାଏ
ଠିଆ ହୁଏ ଉତ୍ତପ୍ତ ମରୁରେ !

ଅଗ୍ନି ସରସ୍ୱତୀ-୨୦

ମୁଁ ଦିନେ ତୁମକୁ ହୃଦୟ ଦେଇଥିଲି
ଖୁବ୍ ଦିନ ତଳର କଥା ହୁଏତ,

କିନ୍ତୁ ପ୍ରେମ କଣ ପୁରୁଣା ହୁଏ ?
କମି ଯାଏ ତାର ଉଷ୍ମତା ?

ଆଜି ତୁମେ ମୋର ଅସ୍ମିତାକୁ ମୋର ଅନ୍ୟମନସ୍କତା ଭାବ
ମୋ ହୃଦୟ ଆଜି ତୁମ ଲାଗି ଗୋଟେ
ଉଇଲଗା ଖାତା !

ଥରେ ଖୋଲ ସେ ଖାତା
ଅତୀତର ପୃଷ୍ଠା ଖୋଲ
ଦେଖିବ ପ୍ରତିଟି ପୃଷ୍ଠାରେ ଲେଖାଅଛି
ବେଶ କିଛି ରୋମାଣ୍ଟିକ କବିତା,

ତୁମ ମୋ ପ୍ରେମର ଅଧାଲେଖା
କିଛି ଦସ୍ତାବିଜ ଅଛି
ଯେଉଁଟା ନଷ୍ଟ ହେବାକୁ ବସିଛି

କିଛି କର
ତାକୁ ନଷ୍ଟ ହେବାକୁ ଦିଅନି
ହୁଏତ ଆଜି ବି ସେଥିରେ ବାକିଥାଇ ପାରେ

ମୋର ତୁମକୁ ନେଇ ବେଶ କିଛି
ଅନ୍ୟମନସ୍କତା !

♥♥

ଏଇ ଟିକେ ପାଖକୁ ଲାଗି ଆସନା !

ମୁଁ କହିଲି,
ତୁମେ ହତବାକ୍ ହେଲ
ଭିତରେ ତୁମକୁ ହୁଏତ ଲାଜ ଲାଗିଲା,

ତୁମ ବୁଝନି ଯେ'
ବାହାରେ ଋତୁ ଯାହା ଥାଉ
ତୁମେ ପାଖରେ ଥିଲେ
ମୋର ଲାଗି ସବୁ ଦିନେ ବର୍ଷା
ଆଉ ସବୁ ରାତିକୁ ଇର୍ଷା !

♥♥

ବେଶ ଦିନ ହେଲାଣି
ତୁମେ କବିତା ଲେଖୁନ,

ନାଁ ଆଜିକାଲି,
ମୁଁ ତୁମକୁ ପଢି ପକାଏ ବୋଲି
ତୁମେ ଆଉ ଚାହଁନି ?
କୋଉଟା ସତ କଥା !

♥♥

ଆସ ଆଜି ରାତିରେ ବାହାରେ ବସିବା
ହାତରେ ହାତ ରଖି
ଗୋପୀନାଥ ମହାନ୍ତିଙ୍କ 'ପରଜା' ପଢିବା !

ଲୋକ ଭୁଲ ବୁଝିବେ ତ ?
ବୁଝନ୍ତୁ,
ତୁମ କଣ ଜାଣନି କି
ଗୋଟେ ଗୋଟେ ରାତି
ସୂର୍ଯ୍ୟାଲୋକ ଠୁଁ ବି ବେଶି ଉଜ୍ଜଳ !

ଅଗ୍ନି ସରସ୍ୱତୀ - ୨୧

ତୁମକୁ କଣ ଆକର୍ଷିତ କରେ
ମୁଁ ଜାଣେନି ?

ମୁଁ ଜାଣେ ଯେ'
ମୋର ପାଦ ବୁଡେଇବାର ଥିଲା
ସେଇ ରକ୍ତରେ

ଯେଉଁ ରକ୍ତତକ କାଲି ମୁଁ ଚିପୁଡ଼ି ଥିଲି
ନିଜ ଦେହରୁ,
ମୋତେ କଣ ତେବେ କଷ୍ଟ ହେଉଛି ?

❤❤
ଅହଙ୍କାର ପାଇଁ ମୁଁ ଖୋଜିବାକୁ ବାହାରି ଥିଲି
ଆପାର୍ଟମେଣ୍ଟଟେ,
ମିଳିଲାନି;

ସେ ଏବେ ତାର ଠିକଣା ବଦଳାଇ ଦେଇଛି
କୁସୁମ ବାଟିକା ଦୁଇଶହ ଛ'

ଶତାବ୍ଦୀ ନଗର, ଭୁବନେଶ୍ୱର !
❤❤

ଫେରିଯାଅ
ମୋର ଆଜି ଘୁଙ୍ଗୁର ପିନ୍ଧିବାର ନାହିଁ,

ଖୁବ୍ ରାତି ହେଲାଣି
ହୁଏତ ବଡ ସିଂହାର ବେଶ ସରିବଣି
ଏଥର ଶୋଇଯାଅ !

କିଏ ଜଣେ ମୋତେ ପଚାରେ
କୋଉଠି ଥାଏ ସେ ଲୋକଟା
ଯେ' ତୋତେ ରାତି ଅଧରେ
ମନ୍ଦାର ଫୁଲଟେ' ଦିଏ ?

ମୁଁ ବୁଝେନି ଯେ' ଫୁଲ ପାଇଁ
ଜାଗା କାହିଁ ?
ମୋ ଶେଜ ସାରା ତ କ୍ୟାକଟସ୍‌ର ଭୀଡ଼୍

ହେଲେ ସେ କହେ ଯେ'
ହଁ ସେଠି ମନ୍ଦାର ଫୁଲଟେ ଥିଲା

ମୋତେ କଣ ଡର ମାଡ଼େ କି ?
ହେଲେ କାହାକୁ ?
(ତନ୍ତ୍ର)

ଅଗ୍ନି ସରସ୍ୱତୀ - ୨୨

ମୋ ପ୍ରେମ ଠିକ୍ ମୋ କବିତା ପରି
ସେ ତାର ନିଜ ଅସହାୟତାରେ ମରିଯାଇ ପାରେ
ହେଲେ ମୁଣ୍ଡ ନଇଁବା ଶିଖିନି ,

ତୁମେ ଏ ଯାକେ ବୁଝିଲନି ଯେ'
ମୁଁ ଖୁବ୍ ପାରେ,
ଆଉ ମୋ ପାରିଲାପଣ ହିଁ ମୋ କବିତା

ଆଉ କବିତା ଯେ' ପ୍ରେମ
ଏ କଥା କଣ ଆଉ କହିବାକୁ ପଡ଼ିବ ?

♥ ♥

ସେଦିନ କବିଟେ ପଚାରିଲା
"ତୁମ ଯନ୍ତ୍ରଣା ଓ ଅସହାୟ ତା ତେବେ ଶବ୍ଦ ହେଲେଣି
ଭାଗ୍ୟର କଥା",

କହି ପାରିଲିନି ଯେ'
"ହୁଏତ ସେମାନେ ମୋ କବିତା ହେଇ ଗଲେଣି
ହେଲେ ପ୍ରେମର ଦାୟରେ
ଆଜି ଯାକେ ଶିଖି ପାରିଲେନି ନଇଁ ଯିବା

ନିଶ୍ଚିତ,
ଭାଗ୍ୟ ର କଥା !
(କବି କଥା)

♥♥

ଜଣେ ଗଲା,
ଆଉ ଗୋଟେ ମିଠା ପବନ ପଶି ଆସିଲା,
ମୁଁ ହୁଏତ ଏଥର ବି ଅନ୍ୟମନସ୍କ ହେଇପାରେ !
କବାଟ ଖୋଲା ଥିଲା,
କବାଟ ଖୋଲାଥାଉ ।

♥♥

ତୁମେ ଥାଅ
କବିତା ଥାଏ,

ତୁମେ ନଥାଅ
କବିତା ଥାଏ,

ମୁଁ ଥାଏ କି ନଥାଏ,
କିନ୍ତୁ ଏ କବିତାତକ ଥିବା
ନିଶ୍ଚିତ ।

ଅଗ୍ନି ସରସ୍ୱତୀ - ୨୩

ସେ ଅନ୍ଧାର ଘରଟା,
ଯେଉଁଠି ଏବେ ମୁଁ ବନ୍ଧା ପଡ଼ିଛି

ସେ ଘର ମୋ ଦେହ
ଆଉ କବିତା ସେ ଦେହର
ନିଃଶ୍ୱାସ, ପ୍ରଶ୍ୱାସ,

ହୁଏତ ସେଠି ଥିବା ମୁଁ ଟି ତୁମେ,
ଯେ' ସେଠି ରହିବ ନାଁ ଉଠି ଆସିବ
ଦ୍ୱନ୍ଦରେ ଅଛି !

ମୁଁ ଥାଏ, କବିତା ଥିବ ହାତ ଧରିବାକୁ
ତୁମ କଥା, କହି ପାରିବିନି !

ମୋ ମନର ହାର୍ଡଡିସ୍କରୁ ସବୁ ଉଡେଇ ଦେଇଛି
ତୁମ ପ୍ରେମ,
ତୁମ କଥା,
ତୁମ ଚୁମା
ଆଉ ତୁମ
ଦୁଃସ୍ଥ ନୀରବତା,

କେବଳ ବାକି ଅଛି କିଛି କବିତା
ସେତକ ଥାଉ !

ତୁମ ସ୍ମୃତି ହୋଇ ନୁହେଁ ମ
କେବଳ କବିତା ମୋର ଦୁର୍ବଳତା ବୋଲି !

ଅଗ୍ନି ସରସ୍ୱତୀ - ୨୪

ଚିରା ଚିଠି ସହ
ତମେ ବି ଉଡ଼ିଗଲ ପବନ ହୋଇ

ଆଜି ବୁଝିଲି ଯେ'
ସେ ପବନତକ ନିଃଶ୍ୱାସ ନଥିଲା
ପ୍ରେମ ନଥିଲା !

❤❤

ସେକୁହନ୍ତି ଯେ'
ପ୍ରେମ ଫ୍ରେମ କିଛି ନଥିଲା,
ମୁଁ ଘଡ଼ିଏ ଠିଆ ହେଲି ସେଇଠି,

ସେଇ ଗଛ ମୂଳରୁ ଆଣିଲି ଧାପେ ମାଟି
ସେ ଚା' ବିକାଳିଠୁଁ ଟୋପେ ଚାହା
ଡ଼ିସେମ୍ବରର ସନ୍ଧ୍ୟାରୁ ଟିକେ ଶୀତ
ଆଉ ଶେଷ ଗଳିର ବହି ଦୋକାନରୁ
ମୋ କବିତା ଖାତା,

ଏ ସବୁ ଚିଲ୍ଲେଇ ଚିଲ୍ଲେଇ ମୋତେ ଖତେଇ ହେଉଥିଲେ
ଆଉ ମୁଁ ଉଠିଗଲି କାରର ଆଗ ସିଟ୍‌କୁ
ଯୋଉ ଲୋକଟା ମୋ ଓଠରେ ଓଠ ରଖିଲା

ସେ ମୋତେ ପ୍ରେମ କରୁଥିଲା
କେବେ ଗୋଟେ ଦୂର ଅତୀତରେ

ତା କାନ୍ଧରେ ମୁଣ୍ଡ ରଖି ଟିକେ କାନ୍ଦିବାକୁ ଇଚ୍ଛା ହେଉଥିଲା ଯେ
ହେଲେ କିଏ ଜଣେ ଭିତରୁ ବାଧା ଦେଲା
"ପୁଅମାନେ କଣ କାନ୍ଦନ୍ତି"?

ଆଉ ଭାଇନା ଗଲା ଦିନୁ
ମୋ ଭଉଣୀମାନେ ମୋତେ ରାକ୍ଷୀ ପଠାନ୍ତି!

ଘରକୁ ଫେରିବାର ଥିଲା
ସେ କାର ଷ୍ଟାର୍ଟ କଲା
ମୁଁ ଓଠ ପୋଛିଲି!

ଅଗ୍ନି ସରସ୍ୱତୀ - ୨୫

ବାସାଂସି ଜୀର୍ଣ୍ଣାନି ଯଥା ବିହାୟ
ନବାନି ଗୃହ୍ଣାତି ନରୋପରାଣି
ତଥା ଶରୀରାଣି ବିହାୟ ଜୀର୍ଣ୍ଣା-
ନ୍ୟନ୍ୟାନି ସଂୟାତି ନବାନି ଦେହୀ

ଏଥର ସେ ଦେହରେ ସଞ୍ଚରିବ ମୋ ନିଃଶ୍ୱାସ
ଆଉ ମୋ ନିଃଶ୍ୱାସରେ ପ୍ରଶ୍ୱାସରେ
ସେ ଦେହଟେ ଧରି ପୂଜା ହେବ ମଣ୍ଡପରେ

ସେ ଆଉ ମୁଁ
ମୁଁ ଆଉ ସେ
ମାନବୀର ଦେହରେ ସେ ଦେବୀ
ଆଉ ତା ଦେବୀତ୍ୱର କାୟାରେ ମୁଁ,

ଦେବୀ ବୋଲି ହୁରି ପଡ଼ିଥିବ
ଆଉ ମୁଁ ମୁଁ' ହୋଇ
ହାତରେ ଅସହାୟ ଅସ୍ତ୍ରଟେ ନେଇ
ଠିଆ ହେଇଥିବି ବାହାରେ,

ଆହାରେ ମୁଁ
ଆହାରେ ସେ
ଆହାରେ ଅସହାୟ ଈଶ୍ୱରୀ !

ଅଗ୍ନି ସରସ୍ୱତୀ - ୨୬

କଣ ଥାଏ ଗୋଟେ ଚୁମାରେ ?

ଦି'ଟା ଲାଲ ଜରଜର ଓଠ,
ମେଞ୍ଚାଏ ଅନ୍ଧାର,
ଗୋଟେ ମୁହୂର୍ତ୍ତ
ଟୋପାଏ ମହୁ
ଝାଳରେ ଓଦା ହାତ ପାପୁଲି
ଆଉ କିଛି ସେକେଣ୍ଡର ପ୍ରେମ,

ତା ପରେ ....
ନର୍କକୁ ଭିଡ଼ି ନେଉଥିବା କିଛି ସମୟ !
ଅଥ
କାହାକୁ କହିବି
ତୁମେ
ଥରୁଥିବା ଗୋଟେ ହାତ

ମୋତେ ଛୁଇଁବା ଆଗରୁ !
ଆଉ ତା' ପରେ
ଗୋଟେ ପ୍ରେମିକର ଛଦ୍ମବେଶ !

ସେ ଆହତ ରାତି
ଆଜି ବି ଅନିଦ୍ରାରେ
ଯେବେ ଠୁଁ ତୁମେ ଯାଇଛ ଯେ
ଦ୍ୱୀତିୟାର ଜହ୍ନରାତି ଖୋଜି !

ସେ ଶୀତ ସକାଳ ଆଉ ଫେରିନି ଘରକୁ
ଯେମିତି ସେଦିନ ର ମୋ ବିବସ୍ତ୍ର ଦେହକୁ
ଭେଟିନି ଉଷୁମ ଚା' କପଟେ,
ଠିକ୍ ସେଇ ଦିନଠୁଁ !

ଠିକଣା ପଚରାନା
ସେ ଦେଶ,
ସେ ଗଳି,
ସେ ରାସ୍ତା,
ସେ ଧୂଳି ହୁଏତ
ତୁମକୁ ଚିହ୍ନି ନେଇ ପାରନ୍ତି
ଯେଉଁମାନେ ଦିନେ ତୁମକୁ ଚୋରେଇ ଦେଖିଦେଇ ଥିଲେ
ମୋ ଆଖିର ଲେନ୍‌ସରୁ !

ଅସ୍ଥିରତା ଗୋଟେ ମାରାତ୍ମକ ରୋଗ
ଯେ ସେତିକି ବେଳେ ଆସେ
ଯୋଉ ସନ୍ଧ୍ୟାରେ ତୁମେ ଆସ
ଜହ୍ନ ଅଳ୍ପ ଓଦାଥିବା ବେଳେ !

♥♥

ପ୍ରେମିକର ଓଠ ଆଉ ନାଗସାପ
ଉଭୟ ମାରାତ୍ମକ
ଉଭୟର ଦଂଶନରେ ମୃତ୍ୟୁ ସୁନିଶ୍ଚିତ !

♥♥

ସ୍ୱପ୍ନ ପାଇଁ ରାତି କାହିଁ ଯେ ?
ମୁଁ ଏବେ ଅନ୍ଧାରରେ
ରତିକ୍ଳାନ୍ତ ଶରୀରକୁ ବୋହୁଛି ଆଖିରେ !

ଅଗ୍ନି ସରସ୍ୱତୀ - ୨୭

ନିଶ୍ୱାସ ନେଉଥିବା ଏ ସହରକୁ
କହିବୁନି କେବେ 'ମୁଁ ତୋର' ବୋଲି
ଲୋକ ପଚାରି ପାରନ୍ତି ତୋତେ
ରାତି କେ କେତେ ଦେଲୁ ?
(ଦେହଜୀବି)

❤❤

ତୋ ଆଖିର ପ୍ରେମରେ ପଡ଼ିବାର
ମାହେନ୍ଦ୍ର ବେଳା ନଥିଲା
ହେଲେ ତୋ ଓଠର ଉଷ୍ଣତା ମୋତେ
କମ୍ବଳରୁ ଦୂରେଇ ରଖିଛି ଗତଥରର ଶୀତତକ ।

❤❤

କାଲିଠୁଁ ପ୍ରେମରେ ପଡ଼ିବାର କଥା ଦେ
ଆଜି ରାତିକ ଗ୍ରାହକ ହ
ସ୍ୱାମୀ ଆଉ ଅଧିକ କଣ ଭୋଗାଏ ଯେ'
ପ୍ରେମିକ ହେବୁ ଯଦି ଆ'

❤❤

ତୋ ପାଖରେ ଚାବିଟେ
ମୋ ପାଖରେ ଚାବିର ତାଲା ଦ୍ୱାର
ଏଠି ପ୍ରେମ କାହିଁ ?

ଏତକ ବାଦ୍ ଦେଇ ଦେ,
ବାକି ସବୁତକ ପ୍ରେମ !

♥ ♥

ସେ ଦିନ ରାତିରେ,
ମୁଁ ଏକା ଫେରୁଥିଲି,

ଯେଉଁ ଛାଇମାନେ ମୋତେ ପିଛା କରୁଥିଲେ,
ମୁଁ ବାରମ୍ବାର ସେମାନଙ୍କୁ ଚିହ୍ନିବାକୁ ଚେଷ୍ଟା କଲି,

ଠିକ ବେହୋସ ହେବା ଆଗରୁ
ମୋ ଓଠରେ ଟପ୍ କରି ବୁନ୍ଦାଏ ଲୁହ ପଡ଼ିଲା

ଆଖି ଖୋଲିଲା ବେଳକୁ ମୁଁ ସେ ସମସ୍ତଙ୍କୁ କ୍ଷମା କରି ସାରିଥିଲି ।
(ବଳାତ୍କାର)

ଅଗ୍ନି ସରସ୍ୱତୀ - ୨୮

ଏତେ ଟିକେ ଆକାଶ ଦରକାର ଥିଲା
ଦରକାର ଥିଲା ଆଞ୍ଜୁଳାଏ ମେଘ
ଟିପେ ଖରା, ଚେନାଏ କୁହୁଡ଼ି
ଆଉ ଅଣ୍ଟିଏ ଶୀତରାତି,

ସେ ଦେବ ବୋଲି ଭରସା ଦେଲା ପରେ
ମୁଁ ଥରେ ଆଖି ଉଠେଇଲେ ବିଶ୍ୱାସରେ

ସେ ଦେଲା ଟିକେ ଆକାଶ
ଆଉ କାହା ଭାଗର

ସେ ଦେଲା ଆଞ୍ଜୁଳାଏ ମେଘ
ଆଉ କାହା ଆଉ କାହା ଛାତିର

ସେ ଦେଲା ଟିପେ ଖରା
ଆଉ କାହା ହସର

ସେ ଦେଲା ଚେନାଏ କୁହୁଡ଼ି
ଆଉ କାହା ବେଣୀର

ସେ ଦେଲା ବି ଅଣ୍ଟିଏ ଶୀତରାତି
ଆଉ କାହା ଓଠର

ମୁଁ ଖୋଜିଥିଲି ମୋତେ,
ମୁଁ ଖୋଜୁଥିଲି ମୋ ଶବ୍ଦ,
ମୁଁ ଖୋଜୁଥିଲି ମୋ ରଙ୍ଗ,
ମୁଁ ଖୋଜୁଥିଲି ମୋ ରାଗ,
ମୁଁ ଖୋଜୁଥିଲି ମୋ ପ୍ରେମ !

ମୋର ମୋର
ଆହାଃ କି ଲୋକଟେ ସତେ !

ଅଗ୍ନି ସରସ୍ୱତୀ - ୨୯

ତା ନିରୀହତାର ରଙ୍ଗଡବାରେ
ମୋ ଦେହକୁ ତୁଳୀ କରି
ଉଠେଇ ଆଣି ପାରେ ମୁଁ
ଧାପେ କଞ୍ଚା ହଳଦୀର ରଙ୍ଗ,

ହଁ ସତ କହିଲେ ଏ ସରି ଆସୁଥିବା
ଆୟୁଷ ଉପରେ କି ଭରସା ?
ହୁଏତ ମୁଁ କାଲି ନଥିବି !

ମୋ ନଥିବା ଆଗରୁ
ମୁଁ ସରିଯିବା ପୁର୍ବରୁ
ମୋତେ ଥରେ ତା'ର ହେବାର ଅଛି,

ତା ଦେହକୁ ଲାଗି ବିତେଇବାର ଅଛି
କିଛିଟା ଶୀତସନ୍ଧ୍ୟା, ଗୋଟିଏ କଫିମଗ୍‌ରେ

ତା ଆଖିରେ ଧରାଦେବାର ଅଛି
କିଛିଟା ବର୍ଷଣ ମୁଖର ଦିନରେ
ମୋ ଭିଜା ଦେହର ସ୍ଥାପତ୍ୟକୁ ନେଇ

ତା ସହ ଏକାଠି ଭୋଗିବାର ଅଛି
ଦୁଇ, ଚାରିଟା ଗ୍ରୀଷ୍ମ

ଯେଉଁଠି ବେଶ ଅଧିକ ଉତ୍ତାପ ଥିବ
ତା' ନିଶ୍ୱାସରେ, ବାହାରର ଖରାକୁ ଉପହାସ କରି ।

ମୋତେ ପଢିବାକୁ ବାକି ଅଛି
ତା ନିରବ ଆଖିର ମେଞ୍ଚେ କୋଳାହଳ
ତା ଛାତିରେ ମୁହଁ ଜାକି ଶୋଇଥିବା
ଶେଷ ଅବସୋସ ସବୁ

ମୋତେ ଆହୁରି ବି ବାକି ଅଛି
ବୁଝିବାକୁ ତା ନୀରବତା ଭାଷା
ତା ଥରୁଥିବା ହାତର କଥା

ତା ଦେଖି ହେଉନଥିବା ଲୁହ
ତା ଉଚ୍ଛଳ ହସ ପଛର କୋହ
ତା ଆଖିର ସେ କୋମଳ ସରଳତା

ଏ ସବୁ ପରେ ହୁଏତ
ମୁଁ ତାକୁ କହିପାରେ ଏତକ
ସମ୍ପର୍କ ର ସ୍ଥାୟୀତ୍ୱ ନେଇ ଚିନ୍ତା କରନା
ମୋ ଥିବାତକକ ମୁଁ ଆଜି ଠୁଁ ତୋର ।

ଅଗ୍ନି ସରସ୍ୱତୀ - ୩୦

ମୁଁ ତା' ପ୍ରେମକୁ ଆଖିବୁଜି ଦେବା
ଏବେ ଖୁବ ଗୋଟେ ପୁରୁଣା କଥା
ତା' ମୋ' ଭିତରେ !

ସେ ଖୁବ ଡରେ ମୋ ଓଠ ଛୁଇଁବାକୁ
କୁହେ, କାଳେ ମୋ ଓଠ
ମୁକ୍ତିର ମନ୍ତ୍ର ପଢେ,

ସେ ଖୁବ ଡରେ ମୋତେ ଟିକେ ଭଲରେ ଦେଖିବାକୁ,
ତା'ର ଲୋଭ ହୁଏ ଯେ'
ମୁଁ ତା' ଆଖିରେ ହଜିଗଲେ
ଲୋକେ ଆଶ୍ଚର୍ଯ୍ୟ ହେବେ !

ତା'ର ଏ କଥାରେ ଫରକ ପଡ଼େନି ଯେ'
ମୁଁ କେବେ କାହାର ପ୍ରେମିକା ଥିଲି
ହୁଏତ କାହାର ସ୍ତ୍ରୀ,

ହୁଏତ ସେ' ସେ ଲୋକଟିକୁ ଖୁବ ଦୟାକରେ
ଯିଏ ଥରେ ମନା କରିଦେଲା
ମୋତେ ପ୍ରେମ କରୁନି ବୋଲି,

ଆଜିଠୁଁ ସେ ନଥିବା ସହରରେ ମୁଁ ଏକା
ତା' ପ୍ରେମତକ ହୁଏତ ଏଇଠି କୋଉଠି ଥିବ,
ଓହୋ, ସତରେ ସେ କ'ଣ ଠିକ ସେଇ ଲୋକପରି ହେବ ?

ଗୋଟେ ଲୋକ ଆଉ ତାର ପ୍ରେମ
ଦି'ଟା ଯାକ କ'ଣ ଏକା କଥା ?
ସତରେ କ'ଣ ସେ ନଥିବାର
କିଛି କବିତା ଖୋଜାଯିବ
ଠିକ୍ କାଲିଠୁଁ ଯେତେବେଳେ ସେ
କୋଉ ଗୋଟେ ପ୍ଲେନରେ
ସୁନ୍ଦରୀ ଏୟାରହୋଷ୍ଟେସ୍ ହାତରୁ ସାମ୍ପେନ୍ ପିଉଥିବ ?

ସେ ଲୋକଟା ଆଜିକାଲି ଥାଏ
ଯେତେବେଳେ ମୁଁ ଆଦୌ ନଥାଏ
ମୋ ଭିତରେ,

ସେ ଲୋକଟା ଆଜିକାଲି ସେ'ଠି ଥାଏ
ଯେତେବେଳେ ମୁଁ ଏକ୍‌ଲା ଥାଏ
ମୋ ଘରେ, ଆଉ ମୋ ଦେହରେ,
ସେ ଈର୍ଷା କରୁଥାଏ ଆଉ କାହାକୁ
ଯିଏ ନଥାଏ କେବେ ମୋ ଭିତରେ କି ବାହାରେ,
ମୁଁ ହୁଏତ ସେ ନଥିବା ର କିଛି
କବିତା ଖୋଜିପାରେ କାଲି
ମାୟାଧର ମାନସିଂଙ୍କ'ଧୂପ'ରୁ !

ଅଗ୍ନି ସରସ୍ୱତୀ - ୩୧

"ଏ ଉତ୍ସବ କାହା ପାଇଁ ଶେଲି ?"
ଖୁବ ନିରାସକ୍ତିରେ ସେ ମୋତେ ପଚାରେ ଏତକ
କୁହେ ପୁଣି;
ଗୋଟେ ଗୋଟେ ଅଧା ତିଆରି ମାଟି କଣ୍ଢେଇର ଗଳ୍ପ,

ତା ଗପର ଇତିକଥାରେ ମେଞ୍ଚେ ଆଲୁଅ ପାଇଁ ଜିଜ୍ଞାସା
ଗୋଟେ ହାତ ପାଉନଥିବା ଉଚ୍ଚତା ପାଇଁ ଅଭିଳାଷ
ଆଉ ଗୋଟେ ଅଜଣା ଭବିଷ୍ୟତର ବେଦନା,

ସେ କାଲି ପାଇଁ ଆଜିର ଶୈଶବକୁ ଭୋଗିବାକୁ ନାରାଜ
ମୁଁ ଦେଖିପାରେ ଯଦିଓ କାଲିର କାହାଣୀରେ କିଛି ବାସ୍ତବତା
ତଥାପି କଣ କେବଳ ଆଜିଟା ଏତେ ଅଲୋଡା ଏତେ ଅଖୋଜା ?
ଏ ପ୍ରଶ୍ନ ମୁଁ ତାକୁ ପଚାରି ପାରେନା କେବେ,
କି ବୁଝେଇ ପାରେନା ଯେ;
ସ୍ୱର୍ଗର ଅଶ୍ୱିନୀକୁମାର ବି ଖୁବ ଅସହାୟ ବେଳେବେଳେ
ତା ପାଖରେ ନଥାଏ ଉପଚାର ଗଳିତକୁଷ୍ଠର
ସେଥିପାଇଁ ପରା ଶାମ୍ବର ସୂର୍ଯ୍ୟୋପଚାର !

ସେ ଧାର ଧାରେନା ପୁରାଣରେ
ସେ ଧାର ଧାରେନା କବିତାରେ,
କିନ୍ତୁ ମୋ ପାଖରେ ତ କେବଳ ଶବ୍ଦର ଆଶରା
ସବୁ କଥା ଯଦି କହି ହୁଅନ୍ତା ପାଟିରେ

ସବୁ ପ୍ରେମ ଯଦି ବୁଝି ହୁଅନ୍ତା ଆଖିରେ
ସବୁ ଅଭିମାନ ଯଦି ଛଳ ଛଳ ହୁଅନ୍ତା
ତେବେ କବିତା କିଆଁ ଲେଖନ୍ତି ?

ମୋ ପାଖରେ ଦରକାର ନାହିଁ ତୋର ବାହ୍ୟ ଅଳଙ୍କାର
କେବେ କେବଳ ଉଲଗ୍ନ ଦୁର୍ଯ୍ୟୋଧନ ହେଇ ଆସ ଆଗକୁ
ମୋ ପ୍ରେମ ହିଁ ଯଥେଷ୍ଟ, ଉନ୍ମୀଳିତ ଅନ୍ଧ ପଟିକାତଳର ରଶ୍ମୀ ଏଠି ନଗଣ୍ୟ,
ତୋ ଅକୁହା ଭାଷା ବି ବେଶ ସୁରକ୍ଷିତ ମୋ ଆଞ୍ଜୁଳିରେ
ଆଉ ତୋ ପ୍ରେମ ମାହାର୍ଦ୍ଧ,

ତୋର ସବୁ ଅବସାଦକୁ ଯଥେଷ୍ଟ ଗୋଟେ ଚୁମା
ଆଉ ତୋର ସବୁ ଅପୂର୍ଣ୍ଣତା ଆଜିଠୁଁ ମୋର,
ଥରେ ବିଶ୍ୱାସ କର ଯେ ବେଳେବେଳେ
ଛିଣ୍ଡି ପଡ଼ିଥିବା ତାନପୁରା ବି ସୁରରେ ବାଜେ
ଆଉ ଜାନୁୟାରୀରେ ବର୍ଷା ହୁଏ ବାହାରେ,

ତୁ ଥିଲେ, ମୁଁ ଥିଲେ
ଉତପ୍ତ ରୌଦ୍ରର ଆକାଶ ବି ମେଘ ମହ୍ଲାର ଗାଏ
ଆଉ ପୌଷର ଶୀତ ବି ଏକାଠି ପ୍ରେମ କରିବା ଶିଖାଏ,
ଚାଲ ଆଜିଠୁଁ ହାତଧର, ତୁ ଜାଣୁ କି ନା
ମୋର ଆଗକୁ ଚାଲିବାର ରାସ୍ତା ଖୁବ ବେଶି ଛୋଟ !

ଅଗ୍ନି ସରସ୍ୱତୀ - ୩୨

ତୁମ ପ୍ରେମ ମୋତେ ନିମଗ୍ନ କରେ
ଉଲଗ୍ନ କରେ ତାର ନ ଦିଶୁଥିବା ହାତରେ

ପ୍ରତିଟି ଚୁମ୍ବନରେ
ଗୋଟେ ଗୋଟେ ସୁତାର ଖିଅ
ସ୍ୱପ୍ନରେ, ତନ୍ଦ୍ରାରେ
ମୋର ଆଧିପତ୍ୟ ସ୍ୱୀକାରୀ ନିଅ

ଏ ଶୀତ ଦିନର ଅପରାହ୍ନ
ଠିକ ତୁମ ଆଖିର ମଦିରାଳୟ ପରି
ଗଭୀର, ଶାନ୍ତ, ଅଥଚ
ବେଶ କୋଳାହଳ ମୟ ।

ଏତେଟିକେ ଅହଙ୍କାର
ଲାଖିରହି ଥାଏ ତୁମ
ଓଠର ବାରଣ୍ଡାରେ,

କପେ ଗରମ କଫି
ଆଉ ତୁମ ଓଠ

ଯଥେଷ୍ଟ ଏ ଶୀତସନ୍ଧ୍ୟା ପାଇଁ
ଯେଉ ସନ୍ଧ୍ୟାର ସକାଳର
ଲେଖାଥିବ ଗତକାଲି ରାତିରେ କିଛି
ଚିତ୍କାରର ଦାଗ ।

♥♥

ତୁମ ଆଖିହିଁ ଯଥେଷ୍ଟ
ମୋତେ ଭ୍ରଷ୍ଟ କରିବାକୁ
ଆଉ ତୁମ ଏ ଅହଂକାରୀ ଓଠ
ମୋତେ ଟାଣୁଥାଏ
ଆଉ ଟିକେ, ଆଉ ଟିକେ ନଷ୍ଟ ହେବାକୁ ।

♥♥

ଏ ଶୀତ, ଆଉ ତୁମେ ନଥିବାର ବେଳରେ
କିଏ ଗୋଟେ ବେହେଲା ବଜାଉ ଥାଏ
ତା ଦେହର ବନ୍ଧରେ ତୁମେ ଥାଅ
କିମ୍ବା ତା ହାତରେ ଦାଢରେ ମୋ
ବରଫର ନିଶା ତରଳୁଥାଏ,

♥♥

ଗୋଟେ କପ୍ କଫିର ଦୁଇପଟେ
ତୁମେ ଆଉ ମୁଁ
ଟେବୁଲ ତଳେ ଆମ ପାଦ
ମୋ ନଖର ଦାଗରେ କ୍ଷତାକ୍ତ,

ସ୍ପିରିଟ୍‌ର ଗନ୍ଧରେ
ଅଥନ୍ତ ତୁମେ ଆଉ ତୁମ ଚାରିପଟ
ମୁଁ ଚିତ୍ର ଆଙ୍କୁଥାଏ ଛାତିରେ
କିଛି ଛବି, ଆଉ କିଛି ଶୂନର ବିପ୍ଳାତ ।

♥♥

ତୁମେ ମୋ ଶୀତରାତିର
ସେ ଉଷୁମ କମ୍ବଳ
ଯାହା ଆଲିଙ୍ଗନ ତଳେ
ବିବସ୍ତ୍ର ମୋର ଏ ଦେହ ।

♥♥

ଏଇ ଏବେ ଫେରିଲି ଘରକୁ
ବାହାରେ ଶୀତର ବିସ୍ତାରିତ କୋଳ
ଥରେ ଆସ ଛୁଅଁ
ସୂର୍ଯ୍ୟପରି ଜଳିଉଠୁଁ ଓଠଠୁଁ ନେଇ ଦେହ

♥♥

ଶୀତକୁ ପଚାର ସେ କାହିଁ ମୋତେ ଏତେ
ଜଡ଼ସଡ଼ କରେ ତୁମେ ନଥିବା ବେଳରେ !

ସେ କି ଜାଣେ
ତୁମ ସହ:
ମୁଁ କେବଳ ଆଉ କେବଳ
ଗ୍ରୀଷ୍ମ ଭୋଗୁଥାଏ ?

ଅଗ୍ନି ସରସ୍ୱତୀ - ୩୩

ଅହଙ୍କାରର ଆଖି ହେଇ ମୋତେ ଦେଖନା
ମୁଁ ମରୁଭୂମିଟେ
ଲୁହରେ ଆଖି ପତା ଓଦେଇ ରଖିଥା
ମୋ ପାଉଁଷ ବି ତୋ ନାଁ'ର ଥିବ

♥♥

ଆଜି ରାତିରେ ମୃତ୍ୟୁ ପ୍ରେମିକ ହେଇ ଆସୁ,
ବର ହୋଇ ବରଣ କରୁ,
ମୃତାଗ୍ନିରେ ଜଳିଯାଉ
ଦେହ, ଦୁଃଖ, ଯନ୍ତ୍ରଣା

ଅପମାନ, ଅବଶୋଷ, ଅଶାନ୍ତି,ହତାଶପଣ
ଗତକାଲିର ହାହୁତାଶ ଆଉ ବାକି ଯାହା ଭୋଗିଛି
ନିଜ ଅନିଚ୍ଛାରେ !

ସକାଳୁ ମିଳୁ ମୋ ପାଉଁଶରୁ ଅଧାଲେଖା ଦସ୍ତାବିଜ
ଆଉ ବେଶ କିଛି ଲୁହ ଆଉ ଅଗ୍ନିର କବିତା

ଅଗ୍ନି ସରସ୍ୱତୀ - ୩୪

ମୋର କବିତା ଲେଖିବାର ଅଛି,

ବନ୍ଦ କରିଦିଅ ଦରଜା,
ସେ ବେଇମାନ ପବନକୁ କୁହ
ମୋତେ ଛୁଉଁନା,

ବାହାରେ ଝଡ ବୋହୁ, ବତାସ ଉଠୁଁ
ମୋର କବାଟ ଫିଟାଇବାର ନାହିଁ
କାହା ପାଇଁ,

ସେଠି ଅଟକି ଥିବା ଲୋକଟିକୁ କୁହ
ସେ ହଜିଯାଉ,
ସେ ଫେରିଯାଉ,
ସେ ଲୁଚିଯାଉ,

ମୋର କବାଟ ଖୋଲିବାର ନାଇଁ,

ମୋର କବିତା ଲେଖିବାର ଅଛି
ଅପା କହିଛି,
ଆଲୁଅଟା ପ୍ଲିଜ୍ ଜଳୁଥାଉ !

ସେଇ ଲୋକଟା
ଦିନେ ଗୋଟେ ସାଧୁ ବେଶରେ ଆସିଥିଲା,
ତା ଉଚ୍ଚାରଣରେ କଣ
ସମ୍ମୋହନ ଥିଲା କି ?
"ଭବତିଃ ଭିକ୍ଷାଂ ଦେହି"

କଥା ତ ଏତିକି,
ତେବେ କେମିତି ମୁଁ ଡେଇଁ ପଡ଼ିଲି ତିନିଗାର ?
କେମିତି ତା ଝୁଲାରେ ବାଢ଼ିଦେଲି
ନିଜକୁ ଖଣ୍ଡ ଖଣ୍ଡ କରି,

ସେ ତ ରାବଣ ନଥିଲା ?

ଓହୋ ମନେ ପଡ଼ିଲା ଥରେ ଲେଖିଥିଲି କବିତାରେ,
ମୁଁ ରାବଣର ପ୍ରେମରେ ପଡ଼ିଥିବା ଝିଅଟେ !

ଅଗ୍ନି ସରସ୍ୱତୀ - ୩୫

ହଁ ମୁଁ ଏବେ ପ୍ରେମରେ,

ଏଥି ପଦକ କହିବାକୁ
ପାଇଁ ଯେଉଁ ଅଦମ୍ୟ ସାହସ ଦରକାର
ସେତକ କଣ ଅଛି ମୋ ପାଖରେ ?

କେଜାଣି,
ମୁଁ ଆଜି ସାମ୍ନା କରି ପାରୁନି
ମୋ ଘରର ଆଇନାକୁ,

ଦେଖି ପାରୁନି ନିଜ ମୁହଁ,
ମୋ ପଛ ପଟରୁ ବାହାରି ଆସୁଛ ତମେ
ହୁଏତ !

ମୁଁ ଖୁବ ଆଶ୍ଚର୍ଯ୍ୟ ଯେ'
ଏଇ ଏବେ ତ ବତାସଟେ ପାରିହେଇଥିଲା
ମୋର ଘରର ଦରଜା,
ସତରେ କଣ ସମ୍ଭବ ଆଉଥରେ
ଆଉଥରେ ଝଡ଼ ମୁହାଁ ହେବା ?

ଥାଉ ଖୁବ ହେଲା,
ହୁଏତ ମୁଁ ତମକୁ ପ୍ରେମ କରେ

ଏତକ କହିବାକୁ ଏବେବି କାର୍ପଣ୍ୟ
ମୋ ହୃଦୟ !

ଠିକ୍ ରାତି ପରି,

ହୁଏତ ମୁଁ ପାହି ଆସୁଛି ଧିରେ ଧିରେ,
କିନ୍ତୁ ରାତି ପାହିଲେ ସକାଳ ହୁଏ
ସୂର୍ଯ୍ୟ ଉଠେ,

ତେବେ ଏତେ ଅନ୍ଧାର କେମିତି ?
କେମିତି ମୁଁ ଗୋଳେଇ ହେଉଛି
ପୁଣି ଥରେ ରାତିରେ ?

"ଅନ୍ଧାରକୁ ପ୍ରେମ କରୁଥିବା ଝିଅ ମାନଙ୍କ ଭାଗ୍ୟରେ ଗୋଟେ
ସକାଳ ନଥାଏ ଲୋ"
ଏ କଥାଟା କିଏ କହିଲା କାଲି ମୋ କାନରେ ?
ସେ କିଏ, କିଏ ସେ ?

ସେ ଥରେ କହିଥିଲେ,
ତୁମକୁ ସମସ୍ତେ ଦେଖନ୍ତି,
ହେଲେ ସତରେ କେତେଜଣଙ୍କୁ ଦିଶ ?

ମୋତେ ଦିଶ ତୁମେ ଜଳଜଳ
ଥମଥମ ଲୁହରେ ସଜଳ,
ସେଇ ଦିନଠୁଁ ମୁଁ ଗୋଟେ ଜଳାଶୟ,

ଯେ ଏତକ କହିଲେ,
ମୁଁ ତାଙ୍କ ଶହେତମ ପ୍ରେମିକା ବୋଧେ !

❤❤

ତୁମ ରାଗ ଆଉ ମୋ କବିତା
ଠିକ୍ ଏକା ପରି ନୁହେଁ ?
ଅଗ୍ନି ପରି ଆଉ ତଥାପି ବେଶ ଶୀତଳ,

ପାରିବ ଯଦି ଜଲ୍‌ଦି ଫେର ଆଜି ସନ୍ଧ୍ୟାରେ
ଫାଳେ ବିସ୍କୁଟ ଆଉ ଗୋଟେ ଚା' କପ
ଏଇ ତ ଆମ ଚିର ଇପ୍ସିତ କାଳ

❤❤

ମୋର ଆବଶ୍ୟକତା ଥିଲା ନଥିଲା
ସେଇଟା ଅଲଗା କଥା,

ତୁମେ ହାତ ବଢେଇ ଥିଲ,
ଫେରାଇ ନେବା ଆଗରୁ

ଥରେ କହିବାର ଥିଲା;
ଆସୁଛି ଏଥର,
ତଥାପି ଚଳିବ

❤❤

ମୋର ଗୋଟେ ସ୍ୱାଭିମାନ ଅଛି

ତାକୁ ଅହଙ୍କାର କିମ୍ବା ଅଭିମାନରେ
ବଦଳାଇ ଦିଅନି,

ମୋ ସ୍ୱାଭିମାନରେ ତୁମ ପ୍ରେମ ବି ଆସେ
ମୋର ବିଶ୍ୱାସ ଅଛି ତୁମେ ବୁଝି ପାରିବ,

ଆଉ ଟିକେ ହାତ ବଢାଅ,
ମୁଁ ଅଛି ଚିରକାଳ

ତୁମକୁ ଏବେ ବି ପ୍ରେମ କରେ ମୋକୁଆଁରୀ ମନରେ
ଅଦାଗ, ବେପରୱା ସେ ମନ
ଯେ' ଚାହେଁ ତୁମେ ଆଉ ଟିକେ ବୁଝ
ଆଉ ଟିକେ ପାଖେଇ ଆସ,

ମୁଁ ମୁଣ୍ଡ ରଖେ ତୁମ ଛାତିରେ
ଶୁଣେ ତାର ଧକ ଧକ
ତୁମେ ବି ସେଇଠୁଁ ଶୁଣିପାର ମୋ ହୃଦୟ

ଏତକ ବୁଝୁଥାଅ ଯେ'
ଆଉ ଏକ ଆଉ ଅଭିନ୍ନ

ମୋ ପ୍ରେମ
ତୁମ ଅଗ୍ନିପରୀକ୍ଷା ପାଇଁ ପ୍ରସ୍ତୁତ,
ପ୍ରସ୍ତୁତ ତୁମ ସମସ୍ତ ପ୍ରଶ୍ନ ପାଇଁ,

ହେଲେ ସାବଧାନ,
ମନେ ରଖ ଯେ' ମୁଁ ଜନକ ନନ୍ଦିନୀ ନୁହେଁ
ସେ ଚିତାରୁ ଉଠି ଆସିଲା ପରେ
ମୁଁ ବି ବୁଝେଇ ଦେବି ନିଆଁ
କହିବି ପରୀକ୍ଷା ଦିଅ

ତୁମ ପ୍ରେମର, ତୁମ ସତତାର
ପାରିବ ?
ଅମଳିନ, ଅପବିତ୍ର ମନଟେ ଯୋଗାଡ଼ି ପାରିବ

❤ ❤

ମୋତେ ବାଧ କରନି,
ମୁଁ ତୁମକୁ ବେଶ ଭଲପାଏ
ତୁମ ସମ୍ମାନ ଲାଗି ମୁଁ ଦକ୍ଷକନ୍ୟା,

ହେଲେ ତୁମେ ଆଶୁତୋଷ ନୁହେଁ ଯେ'
ମୋ ମରପିଣ୍ଡ ସହ ରତି କରି ପାରିବ,
ଏକାନ୍ତ ମୌନତାରେ ବି
ମୁଁ ପଢିଛି ତୁମ ହୃଦୟ,

ତୁମେ ମୋର ଚନ୍ଦ୍ରଶେଖର
ନୁହେଁ ହୁଏତ !

❤ ❤

ଆସ ଏଥର ଏକ ଆତ୍ମା ହେବା
ମୋର ବାକି ଥିବା ଆୟୁଷକୁ
ଏକାନ୍ତ ଭାବରେ ଦାନ କଲି ତୁମକୁ

ଯଦି କେବଳ ଭୋଗରେ ତୃପ୍ତ ହେଇ ପାରିବ
ତେବେ ନିଅ
ମୁଁ ଆଜିଠୁଁ ଭୋଗ୍ୟା ହେଲି,

ତା ପରେ ବି
ମୁଁ କେବଳ ଚେତନାଟେ ହେଇ ରହିବି
ତୁମେ ଏତେ ଟିପେ ବି ଛୁଇଁ ପାରିବନି ମୋତେ
କଥା ଦେଲି !

ଅଗ୍ନି ସରସ୍ୱତୀ - ୩୬

କବିତା ପୂଜା କୋଠରୀ ବି
ଦି ଜଣ ଉଲଗ୍ନ ହେଉଥିବା ରୁମ୍ ବି
କବିତା କାମସୂତ୍ର ବି, ଗୀତା ବି,

ଏତକ ଯିଏ ମୋତେ କହିଥିଲା
ସେ ନିଜେ ଗୋଟେ କବିତା,

ମୋ ପଢିବା ଆଉ ନପଢିବା
ବୁଝିବା ଆଉ ନ ବୁଝିବା ଉର୍ଦ୍ଧ୍ୱରେ
ତା' ପ୍ରେମ ର ଗାଥା !

ମୁଁ ହୁଏତ ଅଛି
ନହେଲେ ଜମା ନାହିଁ,

ମୋ ଥିବାର ପ୍ରମାଣ କେବଳ ତୁମ
ହୃଦୟ ଦେଇପାରେ,
ମୋ ଓଠ ନୁହେଁ !

ଏଥରକୁହ କଣ ବିଶ୍ୱାସ କରୁଛ ?

ସେ ଥରେ କହିଥିଲେ ଯେ'
କବିତାର ରଙ୍ଗ ବିଷାଦ
ଆଉ ସେ ରଙ୍ଗ ଯେ' କୌଣସି
ସୁନ୍ଦରୀକୁ ଉପହାସ କରି ପାରେ,

ଏତକ କହିଲା ବେଳେ ସେ ମୋତେ ଦେଖୁଥିଲେ,

ଟିକେ ଖୁସି ହେଲି,
କାରଣ ଅଯାଣତେ ସେ ମୋତେ ସୁନ୍ଦରୀ କହିଲେ
ଆଉ ଠିକ ସେବେ ଠୁଁ
ମୁଁ ତାଙ୍କ ପ୍ରେମରେ !
(ଦେବଦାସ ଛୋଟରାଏ)

ଅଗ୍ନି ସରସ୍ୱତୀ - ୩୭

ସେ ଥରେ କହିଥିଲେ,
ତୁମକୁ ସମସ୍ତେ ଦେଖନ୍ତି,

ହେଲେ ସତରେ କେତେଜଣଙ୍କୁ ଦିଶ ?

ମୋତେ ଦିଶ ତୁମେ ଜଳଜଳ
ଥମଥମ ଲୁହରେ ସଜଳ,

ସେଇ ଦିନଠୁଁ ମୁଁ ଗୋଟେ ଜଳାଶୟ,

ଯେ ଏତକ କହିଲେ,
ମୁଁ ତାଙ୍କ ଶହେତମ ପ୍ରେମିକା ବୋଧେହୁଏ

♥♥

ତୁମ ରାଗ ଆଉ ମୋ କବିତା
ଠିକ୍ ଏକା ପରି ନୁହେଁ ?

ଅଗ୍ନି ପରି ଆଉ ତଥାପି ବେଶ ଶୀତଳ,

ପାରିବ ଯଦି ଜଲ୍‌ଦି ଫେର ଆଜି ସନ୍ଧ୍ୟାରେ
ଫାଳେ ବିସ୍କୁଟ ଆଉ ଗୋଟେ ଚା’ କପ୍

ଏଇ ତ ଆମ ଚୀର ଇପ୍‌ସିତ କାଳ !

♥♥

ମୋର ଆବଶ୍ୟକତା ଥିଲା ନଥିଲା
ସେଇଟା ଅଲଗା କଥା,

ତୁମେ ହାତ ବଢେଇ ଥିଲ,
ଫେରାଇ ନେବା ଆଗରୁ

ଥରେ କହିବାର ଥିଲା;
ଆସୁଛି ଏଥର,
ତଥାପି ଚଳିବ !

ଅଗ୍ନି ସରସ୍ୱତୀ - ୩୮

ଗୋଟେ ହା ହାପକାର ହିଁ ମୋ କବିତା
କାଲି ଠୁଁ ମୁଁ ଗୋଟେ ଅବୁଣା କ୍ଷେତ ସଂଯୋଜୁଛି
ଆକାଶକୁ ପିଠି କରି ଶୋଇବା
କେବଳ ଗୋଟେ ଅବସୋସର ଇତିକଥା,
ନଈକୁ ପ୍ରେମ କରିବା ବି ଗୋଟେ ଆସ୍ପର୍ଦ୍ଧା !

ମୁଁ ଜାଣେ ଯେ' ମୋତେ ପଛ କରି
ଫେରି ଯାଇଥିବା ଗୋଟେ ଋତୁ ମୋତେ ଆଜି ବି
ବେଳ ଅବେଳରେ ଅନ୍ୟମନସ୍କ କରିପାରେ,
ଯେମିତି ତୋର ବେଗର ପ୍ରଗଲ୍‌ଭତା
ମୋତେ ଗୋଟେ କବିତା କରିବାକୁ ଯଥେଷ୍ଟ,

ତୋର ଅନେକ ଗୁଡ଼ିଏ ପ୍ରଶ୍ନ ମୋତେ ନେଇ
ମୋତେ ନେଇ ତୋର ଏତେ ଅଥୟତା ଯେ'
ତୁ ମୋର କଣ କି ? ପଚାରୁ ପଚାରୁ ତୋ ଅନ୍ୟମନସ୍କତା,
ମୁଁ ଦେଖେ ଯେ' ତୁ ପାରିବାର ଅହଙ୍କାରରେ
ସାରି ଦେଉଛୁ ପ୍ରେମ, ଜୀବନ ଗୋଟେ ପ୍ରତିସ୍ପର୍ଦ୍ଧା ନୁହେଁ
ଯେଉଁଠି କେବଳ ତୋର ଜିତି ଯିବାର ଅଛି କେବଳ,
କେବେ ହାରି କି ଦେଖ,
ହାରି ଯିବାର ଇତିହାସରେ ଦେଖିବୁ
ଅନେକ ପ୍ରେମିକଙ୍କ ନାମ,

ମୋର ଥିବା ହିଁ ଗୋଟେ ଅଭାବ କଥାକୁହେ
ମୋର ନଥିବାର କଥା ସେ କହୁ
ଯେ' ଫେରିଗଲା ପରେ ବି ବାରମ୍ବାର ଫେରେ
ଠିକ ଗୋଟେ ଅଶ୍ଳୀଳ କବିତା ପରି,
ଠିକ ଗୋଟେ ବେଲଜ୍ୟା ଅତୀତ ପରି,
ମୁଁ ଏବେବି ଭଲପାଏ ମୋ ଅତୀତ
ହେଲେ ତାକୁ ଫେରିଆ କହିବିନି
ଏତକ ମନେରଖ,
ଆଉ ମୁଁ ଭୋଗୁଥିବା ବର୍ତ୍ତମାନ ହିଁ
ମୋର କବିତାର ଇତି ଭାଗ,

ମନେପକା ମୁଁ କହି ସାରିଛି
ଗୋଟେ ହା ହାପକାର ହିଁ ମୋ କବିତା !
ଏଥର କହ ମୋ ହାହାକାର ହେବୁ
ନା ମେଞ୍ଚାଏ ଶୀତଳ ପବନ ?
(କବିତାର ଇତିକଥା)

ଅଗ୍ନି ସରସ୍ୱତୀ - ୩୯

ଆଜି ତା ପଦେ କଥାରେ
ମୁଁ ନିଜ ରକ୍ତର ଗଙ୍ଗୋତ୍ରୀରେ
ବୁଡ଼ି ପଡ଼ି ଉଠି ଆସିଲି,

ହିମାଳୟ ଠୁଁ ବି ଥଣ୍ଡା ମୋ ହାତ ପାଦରେ
ପୁରାତନ ପ୍ରସ୍ତର ଯୁଗର ସ୍ଥାଣୁତା
ବୋଧେ ମୋର ସବୁ ଟାଣ ପଣ ସତ୍ତ୍ୱେ ବି
ମୁଁ ତାର ପ୍ରେମିକା,
ଏତକ ବୁଝୁବୁଝୁ ସନ୍ଧ୍ୟା ଯାଇ ରାତି ହେଲା !

ତା ଫେରିବାକୁ ମୁଁ କବାଟ ଆଉଜି
ଫେରିଗଲି ସିନା,
ହେଲେ ସେ କୋଉ ଫେରି ପାରିଲା କି ?

ତା ଦେହର ଦାଉକୁ ଲାଗି ଶୋଇଗଲେ
କେତେ କେତେ ନିଷ୍ଠୁର ଅବସାଦ ମାନେ
ତା ହାତରେ ଆଜି ମରିଗଲେ ଏଇ
ଏବେ ଏବେ ସମ୍ଭାଳୁଆରୁ ହୋଇଥିବା ପ୍ରଜାପତିମାନେ,

ସେ ହୁଏତ ବୁଝିବାକୁ ଟିକେ ଡେରି କରିବ ଯେ'
ମୃତ ପ୍ରଜାପତିର ଛିଣ୍ଡା ଡେଣାରେ ବି

ଲାଗି ରହିଥାଏ ଗଲା କାଲି ରାତିର
ଶେଷତମ ପ୍ରହରର ପାପ,

ପାପ ନୁହେଁ ତ ଆଉ କଣ ?
ଗୋଟେ ଅଧିକାରକୁ ଆତ୍ମସାତ୍ କରିବାର
ଇଚ୍ଛା ପୋଷିବାକୁ ପାପ ବୋଲି ତ ଧରେ
ଆମର ଏ ଅକବିତ୍ୱ ସମାଜ !

ସେ ହୁଏତ କାଲି ସକାଳକୁ
ଭୁଲି ଯାଇଥିବା ଯେ'
କେବଳ ସମ୍ଭାଳୁଆ ମଲେ ହିଁ ପ୍ରଜାପତି ହୁଏ
ହେଲେ ପ୍ରଜାପତିର ମୃତ୍ୟୁ ପରେ
ତା'ର ଆଉ ଗୋଟେ ପୁନର୍ଜନ୍ମ ନଥାଏରେ !

ସେ ହୁଏତ ଆଜି ରାତିକ ଶୋଇବ
ପୁଣି ଗୋଟେ ନିଶ୍ଚିନ୍ତ ରମଣର ନିଦ
କିନ୍ତୁ ଆଜି ରାତିକ ମୋର ଉଜାଗର
ଦୀପପରି ଦିକ୍ ଦିକ୍ ଜଳି ବି
ଉଚ୍ଚ ମନ୍ଦିରର ମଥାନକୁ ଉଠିବା ହିଁ
ମୋ ନିୟତି,
ଆଉ କେବଳ ମୁଁ ହିଁ ତା ଉପବାସର ଫଳ ।
(ମହାଶିବରାତ୍ରି; ଏକ ପ୍ରେମ କବିତା)

ଅଗ୍ନି ସରସ୍ୱତୀ - ୪୦

ବେଳେବେଳେ ମୋ ଅନ୍ୟମନସ୍କତାର ଫଳ
ଭୋଗେ ମୋ ପାଦ,
ହେଲେ ଫୁଲାପାଦର କଷ୍ଟ ଯେତେ ବାଧେନା
ସେତେ ବାଧେ ତା ବେଳ ନଥିବା ବେଳ!

ଅନେକ ଥର ସେ ନଥାଏ, ମୁଁ ଥିଲା ବେଳେ
ସେ କେବଳ ମୋତେ ଯାହା ଦେଇ ପାରେନା
ସେଇଟା ତା ଥିବାର ସମୟ,
ହେଲେ ତା ନଥିବାର ସମୟରେ କିନ୍ତୁ ତା' ପ୍ରେମଥାଏ
ଆଉ ତା ଥିବାତକ ଥାଏ ତା ମୁଗ୍ଧତା

ତା କହିବାନୁସାରେ ମୋ ନିର୍ମାୟାପଣରେ
କାଳେ ଟିକେ କମ୍ ଉଷ୍ମତା ତା ହାତପାଇଁ
ଟିକେ କମ୍ କମ୍ ପ୍ରେମ,

ମୁଁ ଦେଖିଛି ତା ଆଖିର ଭାଷା
ଆଉ ତା' ମୁହଁର ବଦଳୁଥିବା ରଙ୍ଗ,
ସେ କହେ' ଏଇ ମୁଁ ଗୋଟେ ଯନ୍ତ୍ର
ଯନ୍ତ୍ରର ପୁଣି ଯନ୍ତ୍ରଣା କଣ ଯେ?"

ମୁଁ ତାକୁ ବୁଝେଇ ପାରେନା ଯେ'
ଏଇ, ଏଇ ଦେଖ ମୋ ପାଦ
କାଲି ଠୁଁ ଏତେ କଷ୍ଟ ଯେ' ଶୋଇ ପାରିନି ପୁରା ଗୋଟେ
ରାତି
ହେଲେ ଏତକ ବି ତାକୁ କହିବାକୁ ଡର ଲାଗେ,
ଡର ଲାଗେ ଯେ'
କାଳେ ପାଦ ସହ ବାକି ସବୁ କଷ୍ଟ ତକ ବି ତାକୁ ଦିଶିଯାଇ ପାରେ !

ଯଦିଓ ମୁଁ ଜାଣେ ଯେ ସେ ଭାଗ କରି ପାରେ ହୃଦୟ ।

ତା ନଥିବା ବେଳରେ ମୋ କଷ୍ଟ ତକ ଥାଉ
ଆଉ ତା ଥିବା ବେଳରେ ମୁଁ ଥାଏ
ତା ଛାତିରେ ଆଉଜି,

ଯେମିତି ଦୁଆରକୁ ଆଉଜି ଗଲେ
ନିଶ୍ଚିନ୍ତରେ ବନ୍ଦ ହେଇଯାଏ ଆଖି,

ସେ ମୋର ଏମିତି ଗୋଟେ ମୁହୂର୍ତ୍ତ ହେଇଥାଉ
ସେ ଥାଉ ଗୋଟେ ହସ ହେଇ ଓଠରେ
ସମସ୍ତଙ୍କ ଅଲକ୍ଷ୍ୟରେ,

ସେ ଥାଉ ଗୋଟେ ନିଘୋଡ ନିଦର ରାତିହେଇ
ଥାଉ ବି ଗୋଟେ ନିଖୋଜ ଅପରାହ୍ନ ହେଇ
ସେ ଗୋଟେ ରକ୍ତସ୍ନାତ ସକାଳ ହେଉ କେବେ
ହେଉ ବି ମୋର ଅପୂରଣୀୟ କିଛି ଅତୀତ,

ବରଂ ସେ ଏ ସବୁରୁ କିଛି ବି ନହେଉ
ସେ ହେଉ ପଛେ ମୋର ଗୋଟେ ବେଳ ନଥିବା ବେଳ

ତଥାପି ସେ ଅଛି, ଏତକ ମୁଁ ବୁଝୁଥାଏ
ବୁଝି ଅନ୍ୟମନସ୍କ ହେଉଥାଏ ଅବେଳରେ
ଆଉ ମୋ ଅନ୍ୟମନସ୍କତାର ଫଳ
ଭୋଗୁଥାଉ ମୋ ପାଦ,
ଆହାଃ !
(ପାଦପୀଡ଼ା)

ଅଗ୍ନି ସରସ୍ୱତୀ - ୪୧

ମୁଁ ତାକୁ ପ୍ରେମ କରିବା କଥା ସତ
ଯେମିତି ସତ ତା'ର ମୁଗ୍‌ଧ ଦୃଷ୍ଟିରେ
ମୋତେ ଏକାନ୍ତ କରି ଲୋଡ଼ିବାର ପଣ,

ସେ ଜାଣେ ଯେ ଗୋଟିଏ ଯୋଜନର ଦୂରତା ଆମ ଭିତରେ
ସେ ଜାଣେ ଯେ ମୁଁ ପ୍ରତିଟି ସନ୍ଧ୍ୟାରେ ପ୍ରେମିକାରୁ ସ୍ତ୍ରୀ ହୁଏ
ସେ ଏକଥା ବି ଜାଣେ ଯେ' ସ୍ତ୍ରୀ ରୁ ମା' ହେବାର ବାଟରେ
ମୁଁ ଖୁବ ପଛରେ ଛାଡ଼ି ଆସିଛି କିଛି ନିଷ୍ପାପ ଅତୀତ
ହୁଏତ ଏମିତି ଗୋଟେ ଅତୀତ ତାର ବି ଥିବ
ଯେମିତି,
ମୋର ଜିଜ୍ଞାସାର ଖୁବ ଉର୍ଦ୍ଧ୍ୱରେ ତା ପ୍ରେମ,

ମୁଁ ପ୍ରତିଥର ପ୍ରଣୟ ପରେ ଆଉଥରେ
ଫେରିପାଏ ମୋକୁମାରୀତ୍ୱ,
ଏ କଥା ପାଇଁ ନାଁ ଲୋଭଟେ ଦରକାର ନାଁ ଜିଦ !

ତା ପରେ ବି ମୋତେ ନିତି ନିତି ଗାଧୋଇବାକୁ ହୁଏ
ତା ଆଖିର ବାଢୁଅପାଣିରେ,
ମୋ ଦେହ ସାରା ତା ଚୁମାର ହଳଦିଆ ରଙ୍ଗ
ଆଉ ହାତ ସାରା ତା ପ୍ରେମର ମେହେନ୍ଦି ଗାର

ମୋ ପାଦରେ ତା ଛାତିରୁ ନିଗିଡ଼ି ପଡ଼ିଥିବା

ରକ୍ତରଙ୍ଗର ଅଳତା,
ଆଉ ତାର ଅବସାଦ ମାନେ ମୋ ଦେହର ଗହଣା
ତା ଅତୃପ୍ତି ମୋ ମଥାର ଲାଲ୍ ରଙ୍ଗର ଓଢଣୀ
ଆଉ ତା ହସ ମୋ ଓଠର ରଙ୍ଗ
ତା ଦୁଃଖ ମୋ ଆୟତ ଆଖିର କଜ୍ଜଳ,
ଦେଖ ମୋ ଶିଙ୍ଗାର ସମ୍ପୂର୍ଣ୍ଣ ।

ଏଥର ପାଳି ହୋମାଗ୍ନିର
ଦୁଇ ଦୁଇଟି ଛାତିରେ ଯଜ୍ଞବେଦୀର ଅନଳ
ଭୂମି ଛାଡ଼ି ତାର ଶିଖା ଏଥର ଆକାଶାଭିମୁଖୀ
ସମାଜର ଛିଛିକାର ମନ୍ତ୍ରୋଚ୍ଚାରରେ ଏଥର
ସମ୍ପୂର୍ଣ୍ଣ ଆମ ଅନେକ ଇଚ୍ଛା ଆଉ ଅନିଚ୍ଛା,

ସେ ଜାଣେ ଯେ' ଆଉ ଦରକାର ନାହିଁ ରିତିନିତି
ମୁଁ ବୁଝେ ଯେ' ପ୍ରଭୁତ୍ୱ ପାଇଁ କେବଳ ଏତିକି
ସେଥିପାଇଁ ସେ ଏବେବି ପୁରୁଷ
ଆଉ ମୁଁ ଏବେବି କେବଳ ପ୍ରକୃତି ।
(ବିବାହ; ଏକ ପ୍ରେମ କବିତା)

ଅଗ୍ନି ସରସ୍ୱତୀ - ୪୨

ତୁ ଜାଣୁ ନା କଷ୍ଟରେ ହିଁ କବିତା ହେବାକୁ ବାଧ
ମୁଁ ହୁଏତ ଏବେ ବି ନାଳନ୍ଦା କାନ୍ଥର
ଗୋଟେ ଅବଲୁପ୍ତ ଇତିହାସ,

କେବେ ଦେଖିଛୁ ମୋ ମୁହଁ?
କେବେ ବୁଲି ଯାଇଛୁ ଏଲୋରାର
ପ୍ରସ୍ତର ଖୋଦେଇ ଦେହ
କି ଅଜନ୍ତା ଚିତ୍ର ପ୍ରତିମାର ରୂପ?

ତା ଆଖିରେ ଆଜି ବି ଅଟକି ଯାଇଥିବ
ମୋ ଆଖିର କିଛି କଥା,
ଯାହାକୁ ବଢ଼ିବାକୁ କେବଳ ଦୀର୍ଘଶ୍ୱାସଟେ ଲୋଡା,

ତୁ ପଢ଼ିବାକୁ ଆରମ୍ଭ କଲେ
ମୁଁ ଗୋଟେ ଉପନ୍ୟାସ
ହୁଏତ ଗୋଟେ ଦୁର୍ଭାଗ୍ୟ କବିତା,

ହେଲେ ଗୋଟିଏ କଥା ଯେ'
ମୁଁ ଆରମ୍ଭ ରୁ ଶେଷ
ଆଉ ଶେଷରୁ ଆରମ୍ଭ ହେଉଥିବା
ଗୋଟେ ଅଛିଣ୍ଡା ଅବୁଝା ପ୍ରେମ କବିତା ସାରାଂଶ,

ଠିକ ତୋ ଅବସ ଦେହ ପରି
ଶୋଷହୀନ ମନପରି,

ମୁଁ ପୁରା ଗୋଟେ ରାତି ଦେଇ ଦେଇଥିଲି
ସେଇ ଲୋକଟାକୁ ଯେ ମୋତେ
ଫେରାଇ ଦେଲା ମେଞ୍ଚାଏ ଅବଶୋଷ
ଏବେ ବି ଭୋଗୁଛି;
ଉଚ୍ଛିଷ୍ଟ ହେଲା ପରେ ବି ଉପେକ୍ଷାର ଶୁଭେଚ୍ଛା,

ମୁଁ ଜାଣେ ଯେ'
ତୋତେ ପ୍ରେମ କରିବାକୁ ହେଲେ
ମୋତେ ମରିବାକୁ ହେବ ବାରମ୍ବାର
ବାରମ୍ବାର ନିଜ ପାଉଁଶରୁ ନିଜକୁ
ଗୋଟେଇ ଆଣିବାକୁ ହେବ
ଏ ଅଭିଶାପକୁ ଭୋଗିବାକୁ ହେବ
ଫିନିକ୍ସ ହେବା କଣ ଗୋଟେ ଅଭିଶାପ ନୁହେଁ କି ପ୍ରିୟତମ ?

ତା ପରେ ବି ମୋତେ ଦେଖ
ଦାଗରେ ଦାଗେଇ ଯାଉଥିବା ଦେହରେ ବି ଥାଏ
ଶେଷତମ ପୀଡ଼ାର କୁହ୍ଣାଣ,
ତୁ କଣ ପାରିବୁ ଏତେ କଥା ?

ତୋର ବି ଜଞ୍ଜାଳ କମ ନୁହେଁ ନା
ଆଉ ପ୍ରେମ ତ ଗୋଟେ ବଣନିଆଁ
ବ୍ୟାପିଗଲେ ପ୍ରଳୟ !

ମୁଁ ତ ଦେବୀଟେ,
ପ୍ରଳୟ ପ୍ରୟୋଧି ଜଳରେ
ମନ୍ତ୍ରସ୍ନାନ ମୋ ନିୟତି,

କିନ୍ତୁ ତୋତେ ପ୍ରେମ କରିବାକୁ ହେଲେ
ମୋତେ ମାନବୀ ହେବାକୁ ହେବ, ମୁଁ ଜାଣେ
ଏଇ ଦେଖ ମୁଁ ଛାଡ଼ି ଆସିଲି ଦେବୀ ହେବାର ଅହଙ୍କାର
ଗର୍ଭଗୃହରୁ ପାଦକାଢ଼ି, ସଗର୍ବେ ଘୋଷଣା କଲି
ପ୍ରିୟତମ ମୋର, ମୁଁ ଆଜିଠୁଁ କେବଳ ତୋର !
(ଚିତ୍ର ପ୍ରତିମା)

ଅଗ୍ନି ସରସ୍ୱତୀ - ୪୩

ବେଳେବେଳେ ଗୋଟେ ମୋହ ହିଁ ପ୍ରେମ କବିତା !

ସେ କହିଲା- ତୁମେ କବିତା ଲେଖ
ମୁଁ ଘୁଞ୍ଚିଗଲି ଦୁଇପାଦ ପଛକୁ,
ତା ପାଖରେ ଶ୍ରଦ୍ଧା କମ୍ କି
ମୋତେ ଭଲପାଇବାକୁ ?

କାହିଁକି ମୁଁ ମରିଗଲା ବେଳେ
ସେ ଥରେ ଟାଣି ଧରିପାରିଲାନି କାନି ?
ମୋତେ ଛାଡ଼ି ଦେଇ ଆସିଲା ସେଇ ନିଆଁଗିଳା ଶବ୍ଦଙ୍କ
ଜଙ୍ଗଲରେ ?
ଗୋଟେ ଦରସିଝା ମନ ନେଇ
ଯେଉଁ ଜଙ୍ଗଲ ମଝିର ଉପତ୍ୟକାରୁ ମୁଁ ନିତି ଫେରେ,

ହେଲେ ପ୍ରତିଥର ଏ ଦେହ ହିଁ ଆଗ ଫେରିପାଏ
ତା' ପୂର୍ବରକ୍ତମାରୀଙ୍କୁ ଟାଣି,
ହେଲେ ମନଟା ସନ୍ତୁଳି ହେଉଥାଏ
ସେ ବୁଝେନା କି ନବୁଝିବାର ଛଳନା କରେ କେଜାଣି ?

ଲୁହଭର୍ତ୍ତି ଆଖି ନେଇ ମୁଁ ଠିଆ ହେଇଥାଏ ବାହାରେ
ଆଉ ଆକାଶ ସାରା ଛାଇ ଛାଇ ମେଘ,

ସେ ବର୍ଷି ନପାରିବାର ଜ୍ୱାଳାରେ ଘନେଇ ରହିଥାଏ
ଆଉ ମୁଁ ଘୂରି ବୁଲୁଥାଏ ଅତଳରୁ ଅନ୍ତରୀକ୍ଷ,
ମୋ ମନସାରା ଦାଗ।

ସେକୁହେ, ତୁମେ କବିତା ଲେଖ,
ଆଉ ଫେରିଯାଏ ମୋତେ ପଛକରି ଘରକୁ,
ଘର ପାଇଁ ତା'ର ମୋହ ଦେଖି ମୋର ଈର୍ଷା ହୁଏ,
ଈର୍ଷା ହୁଏ ଯେ' ତାର ବେଳ ଅବେଳ ସବୁ ସମାନ
ଆଉ ମୁଁ ତା'ଲାଗି ଶବ୍ଦ ମୁଠାଏ ହିଁ କ'ଣ ?

ତା' ଫେରିଯିବାର ରାସ୍ତାରେ ଫୁଲମାନେ ମରିଯାନ୍ତି
ପ୍ରଜାପତିର ଆତ୍ମହତ୍ୟା ଦେଖି ସାରି ମୁଁ ମୁହଁ ଫେରାଏ,
ମୋ ଦେହସାରା ବଳି ପଡ଼ିଥିବା ଗତକାଲି ରାତିର କିଛି ନିଦ
ଆଉ ତା'ର ଶେଷ ଚୁମ୍ବାର ଦାୟ ।

ମୋତେ ଯେ' ଦୁଆର ଖୋଲେ ସେ ମୋ ଶବ୍ଦ
ଏଥର ମୋ ପାଳି ତାକୁ ପ୍ରେମ ଦେବାର,
ଯାହାକୁ ହାତ ଖୋଲି ପ୍ରେମତକ ଅଜାଡ଼ି ଦେଲି
ସେ ମନା କଲା ପରେ ଆଜି ମୋ ରାତି ପାଇଁ
ଅଣ୍ଟିରେ ବାକି ଥିବା କିଛି ପ୍ରେମ କବିତା କେବଳ !

ବେଳେବେଳେ କେବଳ ଗୋଟେ ମୋହ ହିଁ ପ୍ରେମ କବିତା,
ଯାହା ଆଙ୍କେ ମୋ ଦେହସାରା ଚିହ୍ନ,
ଆଉ ମୋ ମୋହ କହିଲେ ଏକ ବିରାଟ ପ୍ରଶ୍ନ !
(ମୋହ; ଏକ ପ୍ରେମ କବିତା)

ଅଗ୍ନି ସରସ୍ୱତୀ - ୪୪

ମରିଯିବା ପାଇଁ କେବଳ ବିଷ ଖାଇବା ଲୋଡ଼ା ହୁଏନା
ବେଳେବେଳେ ପଦେ କଥା ଯଥେଷ୍ଟ !

ସେକୁହେ ଯେ ମୁଁ ଗୋଟେ ହସ
ଆଉ ମୋ ହସରୁ ମହୁଝରେ
ମୁଁ ତା ଆଡ଼କୁ ଦେଖେ ଆଉଥରେ ହସିଦିଏ,

ମୁହଁ ବୁଲେଇ ଫେରିଗଲା ବେଳେ
ମୋ ଆଖିସାର ବୁଝିଆଣୀ ବସା
ହେଲେ ଲୁହ ନଥାଏ କି ନଥାଏ ହସର ମହୁ !

କୁଆଡେ ଗଲେ ସେ ମହୁମାଛି ମାନେ ?
ବସା ଭାଙ୍ଗି ଉଡ଼ିଯିବା ଆଗରୁ
କଣ ଥରେ ପଚାରିଥିଲେ କି ?
ଏଠୁଁ ଘର ଭାଙ୍ଗିବୁ କି ନାଁ ?

ଯିଏ ଭୋଗିଛି ସେ ଜାଣେ
ମୁହଁରୁ ମହୁ ଝରାଇବାକୁ ହେଲେ
ମଧୁମକ୍ଷିକାର ଦଂଶନ ବି ଭୋଗିବାକୁ ହୁଏ
ଫୁଲିଥିବା ଆଖି ଓଠକୁ ଘୋଡ଼ାଇ ରଖିବାକୁ ହୁଏ
ହସର ଧାର ଧାର ପ୍ରଲେପ ତଳେ !

ସେ ମୋତେ ପଚାରେ ଯେ'
ଏ ସମ୍ପର୍କର ପରିଭାଷା କଣ ?
ତାକୁ ବୁଝେଇ ପାରିନି ଆଜିଯାକେ
ମୁଁ ଗୋଟେ ଶୀତଳ ତୃଷ୍ଣା, ଧାରେ ଉଷ୍ମ ମୌସୁମୀ ମୁଁ
ଗୋଟେ ବିକଳ ପ୍ରେମ ଆଉ ବେଶ ଅଧିକ ତିରସ୍କାର !
ମୁଁ ପୃଷ୍ଠାଏ ପ୍ରେମ କବିତା
ଯାହାକୁ ପଢିବା ଆହୁରି ବାକି ଅଛି ପ୍ରେମିକର
ମୁଁ ଗୋଟେ ଶୀତରାତିର ବିକଳ କାନ୍ଦଣା
ପିଲା ହରାଇଥିବା ମାଇକୁକୁରର,

ମୁଁ ଗୋଟେ ଆଖି ଯାହାକୁ କାନ୍ଦିବା ମନା
ମୁଁ ଗୋଟେ ପାଟି ଯେ ଅଧିକ କଥା କହି ବି
ଅନେକ କିଛି କହି ପାରେନା,
ମୁଁ ଗୋଟେ ଓଠ, ଯାହାର ବାକିଅଛି ଅୟୁତ ଯୁଗର ତୃଷ୍ଣା
ମୁଁ ଗୋଟେ ହାତ, ଯାହା ଏବେ ବି ଶୂନ୍ୟମନା
ମୁଁ ଗୋଟେ ହୃଦୟ ଯେ ଉଚ୍ଛୁଳି ପାରେନି
କହି ପାରିନି ଯେ' କଷ୍ଟ ହେଲେ ତୁମେ ମନେପଡ଼
ହେଲେ ଆଜିଯାକେ ତୁମକୁ ଖୋଜି ପାରେନା !

ମୁଁ କେବଳ ଗୋଟେ ଖାଲି ପାଦ
ଯେ ବାଟ ଚାଲିବାର ଅଭିଶାପ ପାଇଛି
ଯାହା ପଥରେ କେବଳ କଣ୍ଟା ଅଛି,
ମୁଁ ଗୋଟେ ଦେହ, ଯେ ଏଯାକେ କେବଳ ଦେହଟେ ହେଇ ଅଛି
ମନ ହେଇ ପାରିନି !

ସେ ଏମିତି ମୋତେ ଅନେକ କିଛି ପଚାରିନି
ଆଉ ମୁଁ ତାକୁ ଆଜିଯାକେ କହିନି ଯେ'
ପ୍ରେମ କବିତାର ଭାଗ୍ୟରେ ବି କିଛି ମୁଁ
ଆଉ ମୋ ଭାଗରେ ବି କିଛି ପ୍ରେମକବିତା ଅଛି !

ମୁଁ ଆଜିଯାକେ ତାକୁ କହିନି
ମରିଯିବା ପାଇଁ କେବଳ ବିଷ ଖାଇବା ଲୋଡ଼ା ହୁଏନି
ତାର ପଦେ କଥା ଯଥେଷ୍ଟ ହୁଏ
ଚିରକାଳ ମରିଯିବା ପାଇଁ!
(ମହୁମୁହାଁ)

ଅଗ୍ନି ସରସ୍ୱତୀ - ୪୫

ଆଜି ସେ କହିଲା;
ତୁମେ ଖୁବ ବେଶି ସୁନ୍ଦର
ମୋ ମୁହଁରେ ଲାଜ ନଥିଲା
ତା ଆଖିରେ ତନ୍ମୟତା ଦେଖି,

ମୁଁ ତାକୁ ବୁଝେଇ ପାରିଲିନି ଯେ
କେବଳ କବିତା ହିଁ
ମୋ ସୌନ୍ଦର୍ଯ୍ୟର ଇତିକଥା,

କବିତା ହେବାକୁ ହେଲେ
ଲୁହ ହେବାକୁ ହୁଏ,
ଅସମ୍ଭବ କିନ୍ତୁ ସମ୍ଭାବ୍ୟ କଷ୍ଟଟେ ହେବାକୁ ହୁଏ
ଦୂରଅଦୂରର ସବୁ ଅଧୁରାପଣକୁ ଭୋଗିବାକୁ ହୁଏ
ବିଦେଶ ମାଟିରେ ବି ଭୋଗୁଥିବା, ବୋହୁଥିବା
ପବନ ହେବାକୁ ହୁଏ !

ସେ ବାରମ୍ବାର କୁହେ ଯେ
ମୁଁ ଖୁବ ବେଶି ସୁନ୍ଦର,
ଆଉ ମୁଁ ବାରମ୍ବାର ତା କଥାରେ କବିତା ହୁଏ

ଆଉ ମୁଁ ଜାଣେ
ଯେ କବିତାର କୋମଳତା ହିଁ

ତା କଷ୍ଟର ଇତିକଥା,
କବିତାର ପ୍ରଚଣ୍ଡତା ହିଁ
ତା କୋମଳତାର ଇତିକଥା !
ଆଉ ମୁଁ କେବଳ କବିତା ପରି ଝିଅଟେ !
(କବିତା ପରି ଝିଅଟେ)

ଅଗ୍ନି ସରସ୍ୱତୀ - ୪୬

ଜାଣୁ କାଲି ରାତିରେ ଖୁବ ଶୀତ ପଡ଼ିଥିଲା
ଆଉ ସେ ଶୀତରେ ଜମିଗଲେ ମୋ ପ୍ରେମ ସବୁ
ଖୁବ ଗୋଟେ କୋଳାହଳ ନଥିଲା ବାହାରେ
ନା ଥିଲା ତୋ ନାଁ ର ଚହଳ,
ତା ପରେ ବି ମୁଁ ଗୋଟାପଣେ ଥରୁଥିଲି
କେବଳ ତୋ ପ୍ରେମରେ,

ତୁ କହିଲୁ ଯେ ସମ୍ପର୍କ ଗୋଟେ ସୁଆଦିଆ କ୍ଷୀରି
ମୁଁ ହଁ ମାରିଲି,
ମୋତେ ମୁଣ୍ଡ ବି ଟୁଙ୍ଗାରି ଆସେ
ମୋତେ ନା କହି ବି ଆସେ
ଏ କଥା କେବଳ ତୁ ହିଁ ଜାଣିଛୁ ଭଲକରି !

କାଲିରାତିରେ କିଛି ପ୍ରଜାପତି ମରିଗଲେ
ହୁଏତ ସେମାନଙ୍କ ମରିବା ନିହାତି ଜରୁରୀ ଥିଲା
ଥିଲା ବି ଆକାଶଟା ଖସିପଡ଼ି ଚୁନା ହେଇ ଯିବାର
ଥିଲା ବି ଜହ୍ନ ମୋ ଅଗଣାରେ ଆସି ନିଆଁ ପୋଇଁବାର
ହେଲେ ମୋତେ ଖୁବ ଗରମ ହେଉଥିଲା କାଲି ରାତି ସାରା
ସେଥିପାଇଁ ନା ନିଆଁ ଜଳିଲା ନା ଜହ୍ନ ଝିଣ୍ଡି ପଡ଼ିଲା
ଆକାଶରୁ,
ତଥାପି କାଲି ରାତିରେ ଖୁବ ଶୀତ ପଡ଼ିଥିଲା ବାହାରେ !

ମୁଁ ପୂରାରାତି ନିଦୁଆ ଆଖିରେ ଆଉ ନିବସ୍ତ୍ର ଦେହରେ ଶୋଇ
ରହିଥିଲି,
ତୋର ଆସିବାର ନଥିଲା, କି ମୋତେ ଛୁଇଁବାର ନଥିଲା
ମୁଁ କାଲି ପୂରାରାତି କେବଳ କବିତା ଲେଖିଥିଲି
ତୋ ଯିବାପରେ ହୁଏତ ଏ ସବୁ ମୋର ଶେଷ କଥା ଥିଲା,

ତୁ ଥିଲୁ ବୋଲି ତୁ କହିଥିଲୁ, ମୁଁ ନୁହେଁ
ତୁ ଥିବୁ ବୋଲି ତୁ କହିଥିଲୁ ମୁଁ ନୁହେଁ
ଆଜି ତୁ ନଥିବା କଥା କେବଳ ତୁ କହିଲୁ
ମୁଁ ଆଜି ବି ସେଇ ଚାରିଛକରେ,
ଯୋଉ ଛକର ସେପଟ ମୁଣ୍ଡରେ
ଗୋଟେ ଅଭିଶାପ ବାରମ୍ବାର ଆଙ୍ଗୁଠି ଉଠାଉଥିଲା
ଗୋଟେ ଅଭିଶାପ ବାରମ୍ବାର ମୋତେ ଶୁଭିଯାଉଥିଲା !

ପ୍ରେମ ଖୁବ ଗୋଟେ ମହାର୍ଘ ଚିଜ ମହାଜନେ
ତାକୁ କିଣିବାକୁ ମୋ ପରି ଝିଅର ଅଣ୍ଟିରେ ପଇସା ନଥିଲା,
ହେଲେ ବିଶ୍ୱାସ କର ପ୍ରିୟତମ ମୋର
କାଲି ରାତିରେ ଏ ସହର ଶୀତରେ ଥରୁଥିଲା ।
(ଶୀତ)

ଅଗ୍ନି ସରସ୍ୱତୀ - ୪୭

ମୋ ପାଖରେ ବାକି ଥିଲା
ଦୀର୍ଘ ସତର ବର୍ଷର ପ୍ରେମ
ନବୁ ? ନେ'

ମୁଁ କେବେ ପଥରକୁ ତାର ବୟସ ପଚାରିନି
ପଚାରିନି ମୋ ତାରକସୀ ବୟସରେ ଛାଡ଼ି ଆସିଥିବା
ଗୋଟେ ଜିଦ୍‌ର ମନକୁ ଯେ'
ତୁ କାହିଁକି ଆଜି ବି ଅଡ଼ି ବସିଛୁ କହିଲୁ
ପ୍ରେମ ଗୋଟେ ଆଶ୍ୱିନର ସନ୍ଧ୍ୟା
ତୋ ମନ ଅନୁସାରେ ସେ ବଦଳେନି
କି ତା ଇଛାରେ ତୁ ତାକୁ ଦେଇ ପାରିବୁନି କିଛି !

ଖୁବ୍ ଆଗରୁ ମୁଁ ବୁଝିଛି ଯେ
ନାଁ ଜିଦ୍‌ରେ କବିତା ହୁଏ ନାଁ ହୁଏ ପ୍ରେମ
କେବେ ଏକାଠି କରି ତୋଳି ଧରିନି ଦୁହିଁଙ୍କୁ
ଗୋଟେ ଚିତ୍ରିତ କାଚ ଗିଲାସରେ
ଯାହାର ସବା ଉପରେ ଭାବୁଥିବ ଗୋଟେ ଓଠ,

ମୁଁ କେବଳ ନିଜକୁ ସାରିଛି କାଲିରେ
କବିତା ହୋଇ ଫୁଟିବି ବୋଲି ସାଦା କାଗଜରେ
ଫୁଲକୁ ଦୂରେଇ ଦେଇ କଣ୍ଟାର ପ୍ରେମରେ

କ୍ଷତାକ୍ତ କବିତା ଲେଖିଛି ସାରା ଜୀବନ
ମୋ କବିତା ସାରା କେବଳ ରକ୍ତ
ଆଉ ମୋ ଦେହର ପ୍ରତିଟି କଥା
ଯାହା କାଲି ସକାଳରେ ହୁଏତ ଆଉ ଗୋଟେ କବିତା ନ
ହେଇପାରେ,
ତା ପରେ ବି ତୋତେ କେବଳ ଏତିକି କହି ପାରିବି ଯେ
ମୁଁ ଗୋଟେ କବିତା,

ତୋର ବୁଝିବା ଉପରେ ମୋର ଖୁବ ଆସ୍ଥା
ତୋ ଭରସା ଉପରେ ଥରେ ବିଶ୍ୱାସ କରିବାକୁ ଇଚ୍ଛା
ଆଜି ଯାକେ କେବଳ ମୁଁ ଖର୍ଚ୍ଚ କରିଛି ନିଜକୁ
ପ୍ରେମରେ, ସଂସାରରେ, ସନ୍ୟାସରେ
ଏଥର ହାତ ବଢାଉଛି, ଦେଇ ପାରିବୁ ତ ଦେ
ମୋ ପାଇଁ ଖର୍ଚ୍ଚ ହେଇ ଯା !

ଚିରକାଳ ବୋଲି କିଛି ନଥାଏରେ
ଗୋଟେ ଆଜିକୁ ମୁଁ ବଞ୍ଚି ପାରିଲିନି ବୋଲି
ଅଭିମାନରେ ସେ ଚାଲିଗଲା, ତା ପରଠୁଁ
ମୋ ପାଖରେ କେବଳ ଗତକାଲି ନହେଲେ ଆସନ୍ତା କାଲି ର ଗପ

ତୁ ମୋ ଆସନ୍ତା କାଲିର ଗପ ହେବୁ ?
ଏ ପ୍ରଶ୍ନ ଉତ୍ତର ପାଇଁ ହୁଏତ ମୁଁ ଖୁବ ଅପେକ୍ଷା କରି ନପାରେ
କାହିଁକି ନାଁ ମୋ ନିଜକୁ ମୋର ଭାରି ଭୟ,
ମୁଁ ଏଇ ଅଛି ଏଇ ନାହିଁରେ ଖେଳରେ ଅଜୟ !

ମୁଁ ଶେଷ ଥର ଚାଲି ଚାଲି ଯିବା ଆଗରୁ
ଆ' ଥରେ ସମୁଦ୍ର ବିଜୟରେ ଯିବା
ଏଇ ଦେଖ ମୁଁ ଖୋଲି ରଖି ଦେଲି
ମୋ ରକ୍ତାକ୍ତ ପାପୁଲି ଆଉ ପାଦଦ୍ୱୟ !

ଏଥର ମୋ ଶେଷ କବିତା ଲେଖା ହେବା ଆଗରୁ
ଥରେ ଏକ ହେବା
ଦୂର ଦିଗବଳୟର ସେ ପାରିରେ
ମୋ ଓଠ ଆଉ ତୋ ଓଠରୁ ଦୂରତା କମ କରିଦେବା ।
(ମାଟି ଆଉ ଆକାଶ)

ଅଗ୍ନି ସରସ୍ୱତୀ - ୪୮

ପ୍ରତିଥର ଭାବେ,
ଏଥର ପାଦ ଝାଡ଼ି ଦେବି
ଏଥର ଅଣ୍ଟି ଝାଡ଼ି ଦେବି
ଏଥର ହାତ ଝାଡ଼ି ଦେବି
ଏଥର କାନ୍ଧ ଝାଡ଼ି ଦେବି
ଏଥର ମୁଣ୍ଡ ଝାଡ଼ି ଦେବି,

ଝାଡ଼ିଝୁଡ଼ି ସଫା ହେଇଯିବି
ଅତୀତରୁ, ଅପ୍ରେମରୁ, ଦାୟରୁ
କର୍ତ୍ତବ୍ୟରୁ, ଅଧିକାରରୁ, ମୋହରୁ

ହେଲେ ପ୍ରତିଥର କେବଳ ମୋତେ ମୋ ହାତ ହିଁ ଭିଡ଼େ
ଫେରି ପଡ଼ିବାର ମଝିଦାଣ୍ଡରୁ,

କେତେ ଗୁଡ଼େ ନିର୍ମାୟା ଆଖିର ଅଧିକାର
କେତେ ଗୁଡ଼େ ନିର୍ମୋହୀ ମୁହଁର ମୋହ
ଆଉ କେତେ କେତେ ଆଗକୁ ବଢିଥିବା ହାତ
ମୋତେ ମୋ ହରେଇ ଥିବା ସ୍ୱପ୍ନର କାହାଣୀକୁହେ
ପଚାରେ ଯେ, ଆଜି ଆଉ କାହିଁକି ଅଥୟ ?

ମୋର ବି ଗୋଟେ କୋମଳ ସୂର୍ଯ୍ୟୋଦୟ ଥିଲା
ଗୋଲାପି ଗୋଲାପି ରଙ୍ଗର,
ଆଜି ରକ୍ତରଙ୍ଗର ସୂର୍ଯ୍ୟାସ୍ତରେ
ଏତେ କେମିତି ରକ୍ତାକ୍ତ ମନ ?

ଏ ପ୍ରଶ୍ନର ଉତ୍ତରରେ କେବଳ
ଗୋଟେ ନିସ୍ପନ୍ଦ ହସ ଶୁଭେ
ଠିକ୍ ପକ୍ଷୀ ସବୁ ଫେରି ଆସିବାର ବେଳାରେ,

ମୁଁ ପ୍ରତିଥର, ହଜାର ଥର
କେବଳ ଗୋଟେ ସୂର୍ଯ୍ୟାସ୍ତ ଭୋଗିବାକୁ ବାଧ୍ୟ
କିଏ ପଚାରେ ?

ମୁଁ ଗୋଟେ ଆୟୁଷ୍ମତି ଭୃଣ
ଯେ ବାରମ୍ବାର ଅପଚେଷ୍ଟାରେ ବି
ପ୍ରସବିତ ହୁଏ,

ମୁଁ ଗୋଟେ କାଲିର ମଲାକଙ୍କାଳ
ଯେ ଆଜି ବି ତା ପୂର୍ବ ରୂପକୁ ବାହୁନେ
କିଏ ବୁଝେ,

ସେକୁହେ ଯେ ସେ ମୋତେ ହରାଇବାକୁ ଡରେ
ହେଲେ ମୁଁ ତାକୁ ବୁଝେଇ ପାରିନି ଆଜିଯାକେ
ମୁଁ ଗୋଟେ ପକ୍ଷୀ ଆଉ
ପକ୍ଷୀପଞ୍ଜୁରୀକୁ ନୁହେଁ
କେବଳ ବସାକୁ ହିଁ ଫେରେ
ଦିନ ସରିଗଲେ !
(ପକ୍ଷୀ; ଏକ ପ୍ରେମ କବିତା)

ଅଗ୍ନି ସରସ୍ୱତୀ - ୪୯

ଏ ଏମିତି ଗୋଟେ ସମୟ ଯେ'
ଶତ୍ରୁ ନେଇ ଈଶ୍ୱରର ଯାକେ ନିରବ
ଠିକ ଆଜି ଭୋରୁ ଭୋରୁ ମୁଁ ମରିଗଲା ପରେ !

କାଲି ଠୁଁ ଯଦିଓ ପ୍ରକ୍ରିୟାର ଆରମ୍ଭ,
ତା' ପରେ ବି ମୁଁ ଅପେକ୍ଷା କରିଥିଲି
ଆକାଶକୁ କାଳେ ବର୍ଷିଯିବ ?
ସେ କହିଲା ମୋ ପାଖରେ ଗୋଟେ ଚନ୍ଦ୍ରମା ଅଛି
ଅଛି ବି ଅଗଣିତ ତାରାର ଚାନ୍ଦୁଆ
ତୁ ତୋ ଗୋଟେ ଲିଭି ଆସୁଥିବା ଜୁଳୁଜୁଳିଆ ପୋକ,

ମୁଁ ତା କଥା ବିଶ୍ୱାସ କଲି,
ଥରେ ବୁଲି ପଡ଼ି ନିଜ ପଛକୁ ଦେଖିଲି
ଦେଖିଲି ଯେ ମୋ ଲିଭି ଯିବାକୁ ଆଉ ବେଶି ଡେରି ନାହିଁ,
ମୋର କିନ୍ତୁ ଖୁବ ବେଶି ବିଶ୍ୱାସ ଥିଲେ ଯେ'
ସେ ଗୋଟେ ଅମାବାସ୍ୟା ଭୋଗୁଥିବା
ହୀନ ଜହ୍ନିଆ ଆକାଶ,

ହେଲେ ତା ପାଖରେ ଅନେକ ଜହ୍ନ ଥିଲେ
ଥିଲେ ବି ଖୁବ ଗୁଡ଼ିଏ ଦୀପ
ସେ ଆଲୋକର ଗୋଟେ ସମାବର୍ତ୍ତନ ଉତ୍ସବ
ଆଉ ମୁଁ ଛାର ଜୁଳୁଜୁଳିଆ ପୋକ,

ମୋର ମନେ ପଡୁଥିଲା ଜେଜେ ମା'ର ଗପ
ଶୋଷିଲା ଠେକୁଆ ଆଉ ତାର ଚନ୍ଦ୍ରାଭିଯାନ
ବିଚରା ବିକଳ ଠେକୁଆକୁ ନାଁ ପାଣି ମିଳେ
ନାଁ ପ୍ରେମ, ପ୍ରେମ ଗୋଟେ ଆର ମୁଲକର ନାଲିଆ ସର୍ବତ
ସେ କଥା ମନେ ରୁହେନା ଜୁଲୁଜୁଲିଆ ପୋକର,

ମୁଁ ଆକାଶକୁ ଭଲ ପାଏ ବୋଲି କଣ କହି ପାରିବି
ଆକାଶ ଖୁବ ଗୋଟେ ବଡ
ସୁବିସ୍ତାର ସିନା କିନ୍ତୁ ଖୁବ ବେଶି ହୃଦୟହୀନ !
(ମୁଁ ମରିଗଲା ପରେ)

ଅଗ୍ନି ସରସ୍ୱତୀ - ୫୦

ଏ ପୌଷରେ ବି
ସେ ଖରାକୁ ପଛ କରି ଫେରି ପଡ଼େ ଶୀତମୁହାଁ,
ମୋ ପ୍ରେମ ଗୋଟେ ନିଶ୍ୱାସ ନିଶ୍ଚିତ,

ନହେଲେ କେମିତି ମଣିଷଟେ ବରଫ ପାଲଟି ଯିବ
ଆଉ ଜଣେ କହିବ" ଓହୋ କେତେ କଷ୍ଟ ସତେ ନିଶ୍ୱାସ
ନେବା ?"
ମାତ୍ର ଗୋଟେ ଦିନର କଥା ସେ ବାନ୍ଧି ପାରିଲାନି ସମ୍ପର୍କ
ଗୋଟେ ରସିନଥିବା କଥା ମିଛ
କେବଳ ହାତଟେ ଯଥେଷ୍ଟ, ଯଥେଷ୍ଟ ବି ଆଖିର ଚାହାଁଣି
ଆଉ ପଦେ କଥା,

ମୋତେ କବିତା ଲେଖି ଆସେ ସେଥିପାଇଁ ବୋଧେ ଏତେ
କଥା
ମୋତେ ଜୀବନ ଦଞ୍ଚି ଆସେ ସେଥିପାଇଁ ବୋଧେ ଏତେ
ପରୀକ୍ଷା
ମୋତେ ପ୍ରେମ କରି ଆସେ ସେଥିପାଇଁ ଏତେ କଥା ଆଉ
କବିତା,

ବେଳେବେଳେ ତା ପାପୁଲିର ସ୍ପର୍ଶ,
ପ୍ରେମର ଭ୍ରମ ତିଆରି କରୁଥିଲା,

ସେ ଥିବା କଥା ସେ ଅନେକ ଥର କହିଥିଲା
ତା ଯିବାର ଅନେକ ଦିନ ପରେ ବି ତା ଶବ୍ଦ କଚାଡ଼ି ପଡୁଥିଲା
ମୁଁ ନ ଥିବାର କାହାଣୀ କିନ୍ତୁ କେବଳ ଦୁନିଆଁ ଦେଖିଲା

ସେ ଗୋଟେ ପୌଷର ଶୀତ ସନ୍ଧ୍ୟା
ଆଉ ମୁଁ କପେ ଉଷୁମ କଫି
ଏମିତି ହେବାର ଥିଲା, ରାତି ବଢ଼ିବାର ଥିଲା
ନିଝୁମ ଅନ୍ଧାର ଆଉ ଟିକେ ଗାଢ ହେବାର ଥିଲା
ଆହୁରି ବି ବାକି ଥିଲା ଆମ ପ୍ରେମ ଟିକେ ଅଧିକ ଗାଢ
ହେବାର
ହେଲେ ସେ କେବଳ ପୁରୁଷଟେ ହେଲା,

ନାରୀ ଆଉ ପୁରୁଷର ପ୍ରେମ ଦି'ଟା ଅଲଗା କଥା
ମୁଁ ଗୋଟେ ଭ୍ରମରେ ବଞ୍ଚିଗଲି
କାଲିକ, ଯଦିଓ ମୋ ମରିଯିବାଟା ବେଶ ବଡ କଥା ନଥିଲା
କଥା ଏତିକି ଯେ'
ସେ କେବଳ ଗୋଟେ ପୌଷର ଶୀତ ସନ୍ଧ୍ୟା ହେଇ ରହିଗଲା
ତା'ର କିନ୍ତୁ ମୋ ପାଇଁ ଗୋଟେ ଶୀତର ନିଆଁପୁଆଁ ରାତି
ହେବାର ଥିଲା,

ମୁଁ କହୁନି ମ
ଏତକ କେବଳ ସେ କହିଥିଲା
ଛାଡ, ଆମ କଥା ବାକି ରହିଗଲା !
(ପୌଷ ସନ୍ଧ୍ୟା ପରି ପୁରୁଷ)

ଅଗ୍ନି ସରସ୍ୱତୀ - ୫୧

ଶେଷ ହେଲା ପରେ ବି କଣ କିଛି ବାକି ଥାଏ ?
କେଜାଣି ଗୋଟେ ଶୀତ ପରେ ବି
କିନ୍ତୁ ଅନେକ କବିତା ଥିବା ମୁଁ ଦେଖିଛି !

ତା ଦେହର ଆଷାଢ଼ ମୁଁ ଦେଖିନି
ଦେଖିନି କେମିତି ଥିଲା ତା ଯୌବନର ଋତୁ
ସେ ମୋ ପାଇଁ କେବଳ ଥୁରୁଥୁରୁ ଶୀତଟେ
ଖଣ୍ଡେ ଉଷୁମ ଚାଦର ଆଉ କଫି ମଗ୍‌ଟେ,

ଆଜି କିନ୍ତୁ ପ୍ରଥମ ଥର ତା ସହ କଥା ହେବା ପାଇଁ ଶବ୍ଦ ନଥିଲେ
ନଥିଲା ଗୋଟେ ବିଷୟ,
ମୁଁ ମୋ ଆରମ୍ଭର ଶେଷ କଥାଟେ କେବଳ
ମୋର କେବଳ ନିରପେକ୍ଷ ରାତିଟେ ହେବାର ଥିଲା

ମୁଁ ଆରମ୍ଭ ହେଇ ପାରେନା ଅଚାନକ
ମୁଁ ଶେଷ ବି ହେଇ ପାରେନା ଅଚାନକ
ମୁଁ କେବଳ ପ୍ରେମ ହେଇ ପାରେ
ମୋତେ ହେଇ ଆସେନା ଅପ୍ରେମର ସକାଳ

ସେ ଜାଣେ ଯେ ମୁଁ ଗୋଟେ କୋମଳ ସୂର୍ଯ୍ୟୋଦୟ
ସେ ଜାଣେ ମୁଁ ହି ଫିଟି ଆସେ ତା ଦେହକୁ

ଗଲା କାଲିର ସ୍ୱପ୍ନ ଏଇ
ସେ ଜାଣେ ଯେ ମୁଁ କେବଳ ହାରିଯାଏ ଜାଣି ଜାଣି
ତା' ଛୁଆଁ ଛୁଇଁ ଖେଳର ଶେଷରେ
ହାରି ଯିବାର କାହାଣୀରେ ମୁଁ ଦେଖିଛି ତା
ତା ଅସ୍ଥିର ହାତର ଶେଷ ପରିଣତି

ତା ପରେ ବି ତା ଜିତିବା ମୋ ଧେୟ
ମୋର ଏକମାତ୍ର ଉପାୟ
ସେ ଜାଣି ବି ଜାଣେନା ଏତକ,

ଶେଷ ହେଲା ପରେ ବି କଣ କିଛି ବାକି ଥାଏ କି ?
କବିତାର ଶେଷରେ ତ ସମ୍ପର୍କଟେ ମୁଣ୍ଡ ଟେକିଥାଏ
ମୁଁ କିନ୍ତୁ ଜାଣିନି କେମିତି ସରି ଯାଏ ପ୍ରେମ
ମୋତେ ଆଜି ଯାକେ ସାରି ଆସିନି ଏତକ
କ୍ଷମା କର !
(ଋତମ୍ଭରା)

ଅଗ୍ନି ସରସ୍ୱତୀ - ୫୨

ଏଥର ମୁଁ କେବଳ ଗୋଟେ ଇତିହାସର ଇତିକଥା
ଆସ ଦେଖିବ ମୋ ଅଣ୍ଟିରେ କେବଳ
ଗତକାଲି ରାତିର ଶେଷ ପ୍ରହରର କୋହ

କାଲି ରାତିଟା ଖୁବ କାନ୍ଦିଛି ମୋ ଅଣ୍ଟିରେ ମୁଣ୍ଡ ରଖି
ତାକୁ ବୋଧ କରିବାକୁ ମୁଁ ଶବ୍ଦ ପାଇନି
ସତ କହିଲେ ଜାଣି ଜାଣି ତାକୁ ପ୍ରବୋଧିନି
ଲୁହ ସହ କଷ୍ଟ ମାନେ ବି ବୋହି ଯାଆନ୍ତି
ଶୁଣିଛି,

ଏକଥା ବି ଶୁଣିଛି ଯେ' ମୋ ଆଖିର କଜ୍ଜଳରେ
କେବଳ କଳା କଳା ସ୍ୱପ୍ନର ମଳା ଲାଞ୍ଚି
ଆଉ ସେମାନଙ୍କୁ ହତ୍ୟା କରା ଯାଇଛି କେବେଠୁଁ,
ସେ ସବୁ ହତ୍ୟାର ପାପ ମୋ ମୁଣ୍ଡରେ
ତାକୁ ମୁଁ କେବେ ଝାଡ଼ି ଦେଇ ପାରିବିନି
ମନା କରି ଦେବିନି ଯେ' ତମେ ମରିଗଲ କେବଳ ମୋ ପାଇଁ,

ତୁ ଜାଣୁନା ସ୍ୱପ୍ନ ଭାଙ୍ଗି ଯିବାର କଷ୍ଟ
ମୁଁ ମଣିଷକୁ ବୋହିଯିବା ଦେଖିଛି
ହଜିଯିବା ଦେଖିଛି, ଆଉ ଦେଖିଛି ବି
ମରଣ ଶେଯରୁ ଉଠି ଆସିବା,
ତା ବି କେବଳ କର୍ତ୍ତବ୍ୟର ଆହ୍ୱାନରେ !

ତୁ ବୁଝିଛୁ କି କେବେ,
ମୁଁ କେବଳ ଗୋଟେ କର୍ତ୍ତବ୍ୟର ପ୍ରତିମା
ମୋର ତୋ ପ୍ରେମର ଅଧିକାର କେବଳ ଗୋଟେ ମିଛ କଥା
ପ୍ରିୟତମ ତୋତେ ପ୍ରେମ କରିବା କିନ୍ତୁ କେବଳ
ମୋର ଏକାନ୍ତ ଅଧିକାରେ ଥାଉ

କାଲି ରାତି ପରେ ବି ଆଜି ରାତି ଅଛି
ମୋ ରାତିର ଭାଗରେ ସ୍ୱପ୍ନ ନଥାଏ ତୁ ଜାଣୁ
ସେଥିପାଇଁ ତ ଏ ରାତିର ଭାଗଶେଷରେ
କେବଳ ମୁଁ ଆଉ ମୁଁ ବଳି ପଡ଼ିଥାଏ,

ତୁ ବୁଝୁ କି ନା ଜାଣେନା
କିନ୍ତୁ ମୁଁ କେବଳ ଗୋଟେ ଇତିହାସର ଇତିକଥା
ଯେଉଁ ଇତିହାସର ପ୍ରତିଟି ପୃଷ୍ଠାରେ
ତୋର ଆଉ ମୋର ଥିବାଟା ଏକମାତ୍ର ସତ କଥା ।
(ଇତିହାସ ହେବା କଣ କମ୍ କଥା କି ?)

ଅଗ୍ନି ସରସ୍ୱତୀ - ୫୩

ମୁଁ ଗୋଟେ ଗପ,
ଏକଥା ଯାହାକୁ କହିଥିଲି ସେ କେବେ ମୋତେ ନ ପଢିବା କଥା ସତ !
ମୋର ଗୋଟେ ଆକାଶ ଥିଲା ଆଉ ଥିଲା ସେ ଆକାଶ ଭର୍ତ୍ତି ତାରା,
ଦିନେ ନିଦ ପାହିଲା ବେଳକୁ କେବଳ ମୁଁ ଥିଲି ଆଉ ମେଞ୍ଚେ କୋଳାହଳ ଥିଲେ ।
ମୋତେ ଏତେ କୋଳାହଳ ଭଲ ଲାଗେନା;
ଯଦିଓ ମୁଁ ଅନର୍ଗଳ ଗପେ ତଥାପି ମୋ ଭିତରେ ଶୁଏ ଗୋଟେ କୁନି ଝିଅ
ଯାହାର ଆଜି ବି ବୟସ ଷୋହଳ, ସେ ବେଶି କଥାକୁହେନା, କେବେ ବେଣି ପାରେନା,
ସେ ବର୍ଷା ହେଲେ ଘରେ ରୁହେନା ଆଉ ଶୀତରେ ଛାତରେ କାକାରରେ,କୁହୁଡ଼ିରେ ଭିଜେ ।
ତାର ଗୋଟେ ଘର ଅଛି ପାହାଡ ଉପରେ ଆଉ ଅଛି ଗୋଟେ ଝର୍ଣା !
ଯେଉଁଠିକୁ ଗୋଟେ ଅସୁର ଆସେ ତା ଗାଧୁଆ ଦେହ ଦେଖିବାକୁ ।
ସେ ଝିଅଟା ରାତିକୁ ପ୍ରେମ କରେ ଆଉ ଦିନକୁ ସଉତୁଣୀ କରେ ।
ସୂର୍ଯ୍ୟକୁ ଡରେ ଆଉ ଆଜି ବି ସେ ତାରା ଭର୍ତ୍ତି ଆକାଶ ପାଇଁ ଲୁହ ଢାଳେ ।
ସେ ଆକାଶ ସରିଜିବା ଗୋଟେ ମିଛ କଥା ।
ସେଥିପାଇଁ ତ ପ୍ରେମ ର ଚାଦର ସବୁବେଳେ ନିଅଣ୍ଟ ମୋ ଦେହରେ ।
ଥରେ ମୋ ଝର୍ଣାର ଶେଷ ପଥର ତଳେ ଥିଲା କିଛି ଅଳତା ରଙ୍ଗା ପାଦର ଚମର ସୁଆଦ
ତାକୁ ଖାଇଥିବା ମାଛ ପେଟର ଆଜି ବି ଲାଲ୍ କେବଳ ସେ ଅଳତା ବୋଳା ପାଦ ଲାଗି ।
ମୁଁ ସେବେ ଠୁଁ ଲଗାଏନି ପାଦରେ ଅଳତା, ଜାଣିନି କାହିଁକି ?
ମୋର କେବଳ ଗୋଟେ ଗପ ହେବାର ଥିଲା,
ଥିଲା ବି ଗୋଟେ ନାଟକର ଶେଷ ଦୃଶ୍ୟ ହେବାର ।
ମୋର ଗୋଟେ ଅନୁଚ୍ଚାରିତ କବିତା ହେବାର ଥିଲା ।
ଆଉ ଆଜି ମୁଁ ଗୋଟେ ହୁତ୍‌ହୁତ୍ ଜଳୁଥିବା ସୂର୍ଯ୍ୟ ।

ମୋର ଗୋଟେ ରଫଖାତା ଥିଲା କିଛି ସ୍ୱପ୍ନ ଥିଲେ ସେଥିରେ ଆଉ କିଛି
କାଗଜରେ ଡଙ୍ଗା ଥିଲା।
ସେ ରଫ୍ ଖାତା ହଜିଯିବା ପରେ ଏବେ ଗୋଟେ ବର୍ବାଦ ସକାଳ ବଞ୍ଚେ ମୁଁ।
ଯଦିଓ ମୋର ମରିଯିବା କଥା ମିଛ ନୁହେଁ
କିନ୍ତୁ ସତ କଥା ପାଇଁ ସାହାସ ଅଭାବ ଯଥେଷ୍ଟ ଥିଲା।
ମୋର ଗୋଟେ ହସ ହେବାର ଥିଲା, ଗୋଟେ ଗୀତ, ଗୋଟେ ଗଜଲ, ଗୋଟେ ଠୁମୁରୀ,
ପଦେ ଦୋହା କି ଗୋଟେ ସନେଟ ହେବାର ବି ଥିଲା ।
ହୁଏତ ମୋର କେବଳ କାହା ଛାତିରେ ରହିବାର ଥିଲା, ତା ଓଠରେ ମରିବା ଥିଲା,
କି ତା ରାତି ଅଧର କବିତା ହେବାର ଥିଲା,
ମୁଁ କିନ୍ତୁ କେବଳ ଗୋଟେ ଗପ ଆଉ କେବଳ ଗୋଟେ ଗପ ହେଲି ।
ସେ ଗପର ସାରାଶଂରେ କେବଳ ଆଉ କେବଳ କବିତା ଲେଖା ଥିଲା ।
(ଗପ)

ଅଗ୍ନି ସରସ୍ୱତୀ - ୫୪

ତୋ ସହ ସହବାସ ର କଥା କହିଲେ,
ଛିଣ୍ଡି ପଡ଼ିବ ଆକାଶ
ମୋ ମୁଣ୍ଡ ଉପରେ !

ତୋତେ ଥରେ କହିଥିଲି,
ସବୁ କବିର କିଛି ଅଭିଶାପ ଥାଏ
ଆଉ କବିତା ତା ପ୍ରାୟଶ୍ଚିତର ଇତିକଥା,

ତୋ ସହ ଏ ସମ୍ପର୍କ କହିଲେ କେବଳ ମୁଁ
ଆଉ ମୋ ଆଖିର ଅନେକ କଥା
ତୁ ଜାଣୁନା ଯେ ମୁଁ ଏବେ ବି ଗୋଟେ
ଅମାବାସ୍ୟାର ରାତି ଆଉ କିଛି ବିକଳ ନିଦ

ମୋର ଭାଙ୍ଗି ଯିବାର କାହାଣୀ ମୁଁ କହିନି
ସେଇ ନକହି ପାରିବା ହିଁ ମୋ କବିତା

ମୋ ଗୋଟେ ବୟସ କେବେ ନଥିଲା
ହୁଏତ କାଲିର ବୟସରେ ବି ମୁଁ ନଥାଇ ପାରେ
ହେଲେ ଏ ପ୍ରେମ କାହାଣୀ ଥିବ
ଆଉ ଥିବ କିଛି ଅକୁହା କଥାର କାରୁକାର୍ଯ୍ୟ

ମୋ ପାଖରେ ଗୋଟେ ତାରକସିର ମନ ବି ଅଛି
ଏ କଥାକୁ ବିଶ୍ୱାସ କରିବାକୁ ହୁଏତ ଇଚ୍ଛା ନଥାଏ
ମୋ ଚାରିପାଖରେ ସଂସାରର,
ସେଥିପାଇଁ ତୁ ଥିବା କଥାଟା ସତ !

ତୋତେ କହିଛି ନାଁ;
ତୋ ସହ ସହବାସର କଥା କହିଲେ
ଏ ଆକାଶ ହୁଏତ ଛିଣ୍ଡି ପଡ଼ିବ !
ଯାଉ'ମ, ଛିଣ୍ଡି ପଡୁ ଥରେ !
(ଛିଣ୍ଡି ପଡୁଥିବା ଆକାଶକୁ ନେଇ କବିତା)

ଅଗ୍ନି ସରସ୍ୱତୀ - ୫୫

ଗୋଟେ ସହବାସ ମୋତେ ପୂର୍ଣ୍ଣ କରେନା
ମୋତେ ପୂର୍ଣ୍ଣ କରେ ତୋର ପ୍ରେମ
ମୁଁ ତୋତେ ମାଗେ ତୋ ଜୀବନରୁ ଚାମୁଚେ ସମୟ
ତୋ ଭାଗରୁ ଗୋଟେ ରାତି, ତୋ ଓଠରୁ ଫାଳେ ଚୁମା
ଆଉ ତୋ ହାତକୁକୁହେ, ଆ' ମୋତେ ଛୁଇଁ ଦେଇ ଯା'!

ଥରେ ଛୁଇଁ ଦେଇ ଯା' ମୋ ଅବଶୋଷ ମାନଙ୍କୁ
ଥରେ ଛୁଇଁ ଦେଇ ଯା' ଗତକାଲିର କୋହ ମାନଙ୍କୁ
ଥରେ ଛୁଇଁ ଦେଇ ଯା' ସେ ଅପ୍ରେମର ରାତି ମାନଙ୍କୁ
ଥରେ ଛୁଇଁ ଦେଇ ଯା' ନିଭୃତର କିଛି ଘା' ମାନଙ୍କୁ

ପାରିବୁତ ଥରେ ହାତ ବୁଲେଇ ଆଣ
ମୋ ଜଖମ ମନରେ
ଗୋଟେ ଲୁତୁପୁତୁ ହୃଦୟରେ
ଥରେ ଚୁମା ଦେଇ ଯା' ମୋ ସୁନ୍ଦର କିନ୍ତୁ ତୃଷିତ ଓଠରେ
ଥରେ ଆଖିରେ ଆଖିରେ ପଢ଼ି ପକା ମୋତେ,

ମୁଁ ତୋର ହେବା ଆଗରୁ କେବଳ ସୁନ୍ଦର ଦେହଟେ ଥିଲିରେ
ମୋତେ ଥରେ ଛୁଇଁ, ନାରୀ କରି ଦେଇ ଯା'ରେ,

ମୋ ଏ ଗଳିତ ଦେହ ପାଖରେ ଗୋଟେ କିଶୋରୀ ମନ ଅଛି

ଷୋହଳ ବର୍ଷର ଗୋଟେ ହୃଦୟ ଅଛି
ଅଛି ବି କିଛି ଇନ୍ଦ୍ରଧନୁ ରଙ୍ଗର ସ୍ୱପ୍ନ,
ଆଉ ଆକାଶ ପରି ଆଞ୍ଚଳଟେ ଲୁଚେଇ ରଖିଛି
ନବୁ ?
କେବଳ କାହାକୁ ଏମିତି ଦେଇ ଦେଇ ପାରିବିନି ବୋଲି
ଜଗି ବସିଛି ଯକ୍ଷ ହେଇ ନିଜେ ନିଜ ସମ୍ପତ୍ତିକୁ
ପାରିବୁ ତ ପ୍ରେମର ହଳଦୀ ପାଣି ଧରି ଆସେ
ଢାଳି ଦେ' ମୋ ଉପରେ

ମୋ ଅଭିଶାପ ଶେଷ ହେଉ
ମୋତେ ଜଖ ହେବାର ଜଖମରୁ ନିସ୍ତାର ମିଳୁ
ମୁଁ ସମ୍ପତ୍ତି ସମର୍ପି ମୁକ୍ତ ହେଇ ଯାଏ
ପୂଣ୍ୟର ନିଗଡରୁ, ପରମାର୍ଥ ପ୍ରାପ୍ତି ରୁ !

ଗୋଟେ ସହବାସ ମୋତେ ପୂର୍ଣ୍ଣ କରେନାରେ
ମୋତେ ପୂର୍ଣ୍ଣ କରେ ସହବାସ
ତୋ ପ୍ରେମରେ ପୁର୍ଣ୍ଣ ହେବାକୁ ଆହୁରି କଣ କିଛି ତପସ୍ୟା
ବାକି ଅଛି ମୋର ?
(ତୋ ସହ ସହବାସ ପରେ)

ଅଗ୍ନି ସରସ୍ୱତୀ - ୫୬

ମୁଁ ଗୋଟେ କୋମଳ ତୃଷ୍ଣା
ତଥାପି ମୋ ବ୍ୟାପ୍ତିର ମହାଗାଥା
କେବଳ ଇତିହାସ କହିବ !

ଥରେ ଉତ୍ତାରି ଦେଖ ମାଟିରୁ
ମୁଁ କେବଳ ପୋଥିଖଣ୍ଡର ମର୍ମାନୁବାଦ ନୁହେଁ
ମୁଁ ଆଗନ୍ତୁକ ସିନ୍ଦୁରିତ ସକାଳର ଲୋହିତ ବାସ୍ନା

ମୁଁ ତୁମ ମେରୁଦଣ୍ଡର ଅସ୍ଥିମଜ୍ଜା
ମୁଁ ଗୋଟେ ଅହ୍ୟସୁଲକ୍ଷଣୀ ଦ୍ୱିପହରର ଟାଣ ଖରା
ତ କେବେ ସେଇ ଖରାର ଉଷୁମ ତାପଜ ସ୍ୱେଦ
ତୁମ ଚିତ୍ରିତ କପାଳରେ,

ମୁଁ ତୁମ ନାକ୍ଷତ୍ରିକ ଆକାଶର ଏକମାତ୍ର ଗାରିମା
ମୁଁ ତୁମ ପ୍ରେମରାସର ଚନ୍ଦ୍ରୋଦୟରେ
ରୂପା ରଙ୍ଗର କାଠଯୋଡ଼ିର ସନ୍ଧ୍ୟା,

ମୁଁ ତୁମ ଦେବୀଗଡ଼ାର ସେ ଶେଷ ଭଗ୍ନାବଶେଷ
ତୁମ ଅସ୍ଥିର ହାତର ଅନାମିକା ଆଙ୍ଗୁଠି ର ଶୋଷ

ମୁଁ ତୋ ପାଦରୁ ନେଇ ଓଠର ଅକ୍ଷାଂଶ
ଆଉ ତୁମେ ମୋ ଦେହର ଶେଷ ବିନ୍ଦୁ ରକ୍ତର ସୂର୍ଯ୍ୟାସ୍ତ

ଆସ ଆଜି ଏବେଠୁଁ ମୁଁ ଆଉ ମୁଁ ନୁହେଁ ଜମା
ମୁଁ ଗୋଟେ ଦେହର ଭଗ୍ନାବଶେଷ
ମୁଁ ଶେଷ ଖଣ୍ଡ ହାଡ,
ଶେଷ ରକ୍ତ ବୁନ୍ଦା,
ଶେଷ ଲୁହର ଦ୍ରାଘିମା
କୋହର ଅକ୍ଷାଂଶ

ମୁଁ ଏଥର ସମ୍ପୂର୍ଣ୍ଣ ନଷ୍ଟ
ତା ପ୍ରେମର ଭୁକ୍ତାବଶେଷ ।
(ଅବଶିଷ୍ଟାଂଶ)

ଅଗ୍ନି ସରସ୍ୱତୀ - ୫୭

ସହସ୍ରାବ୍ଦରେ ଏକମାତ୍ର ସ୍ୱପ୍ନ ଥିଲା
ପିଲା ଦିନ ପରି ଶୀତ ଭୋଗିବାକୁ !

ଚେରାପୁଞ୍ଜିର ଏ ପାହାଡ଼ ଉପରେ
କେବଳ ଶୀତର ଆଧିପତ୍ୟ,
ଠିକ ପାହାଡ଼ ଶେଷରେ, ଶେଷ ମୋ ଘର
ଆଉ ମୋ ଘର ସାରା ଯେ ବିଛାଡ଼ି ପଡ଼ିଥିବା
ଏ ଶୀତ ହିଁ ମୋ ଏକମାତ୍ର ସ୍ୱପ୍ନ ଥିଲା କେବେ !

ମୁଁ ଅନେକ ଥର ପ୍ରେମିକର ଚେହେରାରେ
ଶୀତକୁ ଖୋଜିଛି,
ଆଉ ଏଠି ଅସରନ୍ତି ଶୀତର ଓଢଣା ତଳେ
ମୋତେ ଗୋଟେ ସନ୍ଧ୍ୟା ଭେଟି ଦେଉଛି ଚେରାପୁଞ୍ଜି !

ସାତୋଟି ଝରଣାର ସହର ଉପରେ
ମୋର ଅଧପାପୁଲିଏ ଜୀବନ,
କପେ ଉଷୁମ ଚା'ର ପିଆଲାରେ
ମୁଁ ଏଠି ବି ଖୋଜୁଛି ପ୍ରେମର ପ୍ରେତାତ୍ମା !

ଆତ୍ମହରା କଲା ପରି ପ୍ରକୃତି ମୋତେ
କୋଳେଇ ନେବାକୁ ହାତ ଖୋଲିଥିବା ବେଳେ

ମୁଁ ଛାଡ଼ି ଆସିଛି ଯୌବନ ମୋ ସହରରେ
କାହାର ନିରୀହ ଆଖି ଦୁଇଟିରେ,

ମୁଁ ଜାଣେ ଯେ କାଲି ସକାଳକୁ ହୁଏତ
ଏ ସହର ମୋତେ ରାତିର ଆବର୍ଜନା ପରି
ଫିଙ୍ଗିଦେବ ଆଉ ଗୋଟେ ସହର କୋଳକୁ
ତଥାପି ଏ ଚେରାପୁଞ୍ଜି ମୋର ମନେ ରହିବ କାଳେ କାଳେ !

କାହିଁକି ନା;
ହୁଏତ ଏ ଚେରାପୁଞ୍ଜି ର ମନ ପରି
ମୋ ପ୍ରେମିକର ଆଖି ,
ଠିକ ଏହାର ଶୀତ ପରି ତାର ହାତ,
ବର୍ଷା ପରି ଲୁହ,
ଆଉକୁହୁଡ଼ି ପରି ଦେହ,

ଅପମାନରେ ମୁଁ ଲାଲ ହେଲା ବେଳେ
ସେ ମୋତେ ଶୀତର ହାତରେ
କୋଳେଇ ନେଇ ଚୁମା ଖାଉ ଖାଉ
ମୋର ମନେପଡ଼େ ଯେ'
ବାହାରେ ତାପମାତ୍ରା ଏବେ ମୋତେ ଏଗାର !

ତୁ ନିଶ୍ଚେ ମନେ ରହିବୁ ଚେରାପୁଞ୍ଜି
ମୁଁ ତୋତେ ଭୁଲିଯିବା ଆଗରୁ
ଆଉଥରେ ମରଣ ପାଇଁ ପ୍ରସ୍ତୁତ ହେଇ ସାରିଥିବି
କଥାଦେଲି ତୋ ଶୀତ ପରି
ମୁଁ କବିତା ହେଇ ଅଜାଡ଼ି ହେଇ ପଡ଼ିବି
ସନ୍ଧ୍ୟା ହେବା ପୂର୍ବରୁ,

ଆଉ ଦିନ ହେବା ଆଗରୁ କୁହୁଡ଼ି ହେଇ
ଛୁଇଁ ଦେଇ ଯାଉଥିବି ତା ଦେହ
ସେ ନିଦରୁ ଉଠିବା ଆଗରୁ !

କଥାଦେଲି ଚେରାପୁଞ୍ଜି
ତୋତେ କଥାଦେଇ ଗଲି !
(ସାତଟି ଝରଣାର ସହର)

ଅଗ୍ନି ସରସ୍ୱତୀ - ୫୮

ସମରଦୀପ୍ତ ତା ଚାହାଁଣୀ ହିଁ କୁହେ ଯେ'
ସେ ସୌନ୍ଦର୍ଯ୍ୟର ଅସରନ୍ତି ପସରା ନେଇ
ଅପେକ୍ଷା କରିଥାଏ ଆଗନ୍ତୁକକୁ !

ସନ୍ଧ୍ୟାର ଆକାଶ ତାର ତାରାର ଚାଦର ଘୋଡାଇ
ସ୍ୱାଗତ କରେ ଆସନ୍ତା କାଲିର ସକାଳ
ସ୍ତରୀଭୂତ ଅସ୍ଥିରତା ମୋତେ ସଜାଗ କରୁଥାଏ
କାହାର ଗୋଟେ ନିରବ ଅସ୍ତିତ୍ୱ ଛୁଇଁ ଦେଇଯାଏ ଓଠ

ସେ କିଏ ?
ଯେ ଏ ଶୀତ ସକାଳର ସୂର୍ଯ୍ୟକୁ ବି ଆଉ ଟିକେ
ଶୋଇ ପକାଉଥାଏ ଧୋ ବାଇଆ ଗାଇ ?
କିଏ ସେ ଯେ ଏ ଅସୂର୍ଯ୍ୟର ସହରଟେ
ବାରମ୍ବାର ଭେଟି ଦିଏ ଏ କୋହଲା ପାଗରେ ?

କାଜିରଙ୍ଗାର ରଙ୍ଗମଖା ଆଖିରେ
ଗତ କାଲିର ବିହୂର ମନୋରମ ଗୀତର ଧ୍ୱନ
ତଥାପି ବାକିଥାଏ, ଝରି ପଡୁଥାଏ ରହି ରହି !

ଗଣ୍ଡା,କୁଟୁରା, ଆଉ ବଣକୁକୁଡ଼ାର ଡାକ
ମୋତେ ଜିମ୍ କରବେଟଙ୍କୁ ଭେଟାଉଥାଏ
ବାରମ୍ବାର,

ତାଙ୍କ ବନ୍ଧୁକଶବ୍ଦ ହୁଏତ ଏଇ ଭାସି ଆସୁଛି ପବନରେ
ଅରଣ୍ୟାର ମନ ତଳେ ଜଙ୍ଗଲର କୁହୁକ
ଆଖିରେ ଜାଙ୍ଗଲୀୟ ସୌନ୍ଦର୍ଯ୍ୟ,

ବାମ୍ଫଉଠା ଚା' କପରେ ତଥାପି ଭିଡ଼ିମୋଡ଼ି
ହେଉଥାଏ ବାକିର ସୂର୍ଯ୍ୟୋଦୟ
ଜଙ୍ଗଲର ଅବଶିଷ୍ଟାଂଶରୁ ଫେରୁଥାଏ ଆରଣ୍ୟକ ମନ
ହାତୀର ଧାକୁମ ଧାବଲରେ
ତଥାପି ନିଆଁ ଉହ୍ନେଇ ପାଇଁ ଶୀତ ଯୋଗାଡୁଥାଏ ସମୟ !

ସହରୀ ଆଖିର ବିକଳ ତୃଷ୍ଣା ନେଇ
ମୁଁ ତଥାପି ଅନେଇ ରହିଥାଏ କାଜିରଙ୍ଗାର
କୋମଳ ସୌନ୍ଦର୍ଯ୍ୟ ଆଡ଼କୁ
ଏଣେ ଆକାଶରେ ବୁଢା ହେଉଥାଏ ଦିନ !

ମୁଁ ଜାଣେନି ଆଉଥରେ ଆସିବିକି ନାଁ
ହେଲେ ଏ ଅରଣ୍ୟା ତା ମନ ଆଉ ପ୍ରେମ ଛାଡ଼ି ଦେଇ ଗଲା
ଏଇଠି
ସମ୍ଭାଳି ରଖିଥିବୁ କାଜିରଙ୍ଗା,
ଅଗ୍ନିକାର ଡହଡହ ନିଶ୍ୱାସ ତଳେ
ଅରଣ୍ୟାର ଏ କୋମଳ ମନ ଠିକ
ତୋ ପାହାନ୍ତି କାକର ପରି
ଯେ ଏତେ ଟିକେ ଦୀପ୍ତ ସୂର୍ଯ୍ୟ କିରଣରେ
ଧାରେ ଲୁହ ପରି ବୋହି ପଡ଼ିବ ତୋ ଆଖିରୁ,

ସମ୍ଭାଳି ରଖିଥିବୁ କାଜିରଙ୍ଗା
ତୋ ନିଘଞ୍ଚ ଜଙ୍ଗଲରେ
ଏ ଅରଣ୍ୟା ଛାଡ଼ି ଦେଇଗଲା ତାର ବଳକା ଅସ୍ତିତ୍ୱ !
(କାଜିରଙ୍ଗା)

ଅଗ୍ନି ସରସ୍ୱତୀ - ୫୯

କଣ ନାଁ ଦେବିକୁହ
ମୋ ପିଠି ଉପରେ ସବାର ମୋ ଆତ୍ମସମ୍ମାନକୁ
ତଥାପି ବାକି ଥିବା ସମର୍ପଣକୁ
ଅଭିମାନରେ ପାଠି ଛଟ୍ରଛାଉଳ ହେଇଥିବା ପ୍ରେମକୁ ?

ତା ହୃଦୟହୀନତାକୁ,
ସେ ନ ପଚାରି ଥିବା ପଦେ କଥାକୁ
ଏଡାଇ ଯାଇଥିବା ମୁହୂର୍ତ୍ତକୁ
ତା'ର ଅପ୍ରେମ ରାତି ସବୁକୁ ?

ହତାସରେ ଫେରିଥିବା ସମୟକୁ
ତା ଶୀତଳ ହାତ ପାପୁଲିକୁ
ତାର ଅତୃପ୍ତ ଓଠକୁ
ଆଉ ତାର ସହବାସ ପରର
ଅନାଗ୍ରହକୁ ?

ତା' ଉପହାସକୁ,
ଛିଣ୍ଡି ପଡ଼ିଥିବା କିଛି ଅଦରକାରୀ ସୂତା ଭାବି
ଫିଙ୍ଗି ଦେଇଥିବା ସମ୍ପର୍କକୁ
କେବେ ବି ଗୋଟେଇ ନେଇ,
'କେମିତି ଅଛ' ପଚାରି ନଥିବା ଶବ୍ଦକୁ ?

ମୋ ଫେରୁଥିବା ପାଦକୁ
ଅବାଟରେ ଚାଲିବାର ଦର୍ଜକୁ
ବୋହି ପଡୁ ନଥିବା ଲୁହକୁ
ଫଟା ଓଠର ହସକୁ
ଅଧା ଛାଡ଼ିଥିବା ଲିପଷ୍ଟିକର ପ୍ରଶ୍ନକୁ ?

କ'ଣ ନାଁ ଦେବିକୁହ
ମୋ ଅପେକ୍ଷାକୁ
ତା' ଅନାଗ୍ରହକୁ
ଜିଭର ଦର୍ଜକୁ
ଆଖିର ଖୋଜିଲା ପଣକୁ ?

ସତରେ କଣ ନାଁ ଦେବି
ତା'ର ଶେଷ ଅପମାନକୁ ?
(କଣ ନାଁ ଦେବିକୁହ ?)

ଅଗ୍ନି ସରସ୍ୱତୀ - ୬୦

କାଲି ତୋ ନଶୋଇବା କଥା ମୁଁ ଜାଣେ !

ତୁ ଭାବୁ ଯେ ଅଧା ଜୀବନ ଆଉ ଅଲଣା ଜୀବନ ଦୁଇଟା ଅଲଗା କଥା ।
ମୁଁ ତୋ ଆଖି ଦେଖିଛି, କିଛି ନିରୀହତା ସେଥିରେ ଆହୁରି ବାକି ଅଛି ।
ବାକି ଅଛି ଗୋଟେ ପକ୍ଷୀ ଛୁଆ ର ଆବେଗ, ବାଘ ଛୁଆ ର କୋମଳତା ।

ତୁ ଗୋଟେ ଅପରାହ୍ନ ହେଇଥିଲେ ମୁଁ ତୋତେ ନେଇ କବିତା କିଆଁ ଲେଖନ୍ତି ?
କାହିଁକି ବା ତୋତେ ନେଇ ମୋ ଉଦାସୀ ସଞ୍ଜ ମାନଙ୍କରେ ଅନ୍ୟମନସ୍କ ହୁଅନ୍ତି ?

ତୁ ଏବେ ବି ଗୋଟେ ପୋଖରୀ,
ଯାହାର ସବୁତକ ପାଣି ଶୁଖି ଯିବା ଆଗରୁ ମୋତେ ତୋ ପାଇଁ ଝରଣା ହେବାର ଅଛି ।

ତୋର ହାତ ମୁଁ ଧରିଛି, ସେ ଏବେ ବି ଖୁବ ଉଷ୍ମ ।
ଶୀତରାତିର କଫି ମଗ ପରି । ତୁ ତାକୁ ଭୁଲି ଯାଇଛୁ,
ବାହାରେ ରଖି ସେଥିପାଇଁ ହୁଏତ କିଛି କାକର ତାକୁ ଓଦା କରିଥାଇ ପାରେ !

ତୁ ମୋ ହାରମୋନିୟମର ଶେଷ ସୁର ।

ଧା, ପା, ନି, ସା, ସା ସା ସା
ପାନିଧା, ପାନିଧା, ଧାପାନିସା, ସା, ସାସା, ସା !
ମୋ ଆଳାପର ଶେଷ ମୂର୍ଚ୍ଛନାର ତୁ ଆହତ ପଦଧ୍ୱନୀ,

ଠିକ ଭୋର ଆକାଶର ରଙ୍ଗ ପରି ତୋ ପ୍ରେମ । ବୁଝା ପଡେନା ହୁଏତ।

ତୁ କବିତା ବୁଝୁ ବୋଲି ମୁଁ ଜାଣେ!

ହେଲେ ମନେରଖ ବେଶି ବକବକ କଲା ଝିଅର, କିଛି କହି ନପାରୁଥିବା ଶବ୍ଦ
ମାନେ ହିଁ କବିତା ।
ମୋ ଚୁମା ର ଶବ୍ଦ ମୋ କବିତାର ଧାଡ଼ି, ତୋ ସହ ନିରୋଳା ସମୟ ମୋ କବିତାର ପ୍ରାପ୍ତି।
କେବଳ ତୁ ମୋ କବିତା ନୁହେଁ, ହେଲେ ମୋ କବିତାରେ ତୁ ଥିବା କଥା ସତ!

ମୁଁ ଭୋଗିଛି ତୋ ଅନିଦ୍ରାର ଭୋକ!
ମୁଁ ଜାଣେ ଭାଗ ହେବାର କଷ୍ଟ, ସବୁ ଦେଇ ବି ଅପୂର୍ଣ୍ଣତାର ସ୍ୱାଦ ର ତିକ୍ତତା
ମୋ ଜିଭର ପ୍ରତିଟି କୋଣରେ ବ୍ୟାପ୍ତ ।
ତୁ ଯାତ୍ରାରେ ଥିଲେ କିଛି କଥା ନଥିଲା, ହେଲେ ତୁ କେବଳ ଘୋଡା ଦୌଡର
ସବା ଆଗ ଘୋଡା ।
ଜାଣୁକି ତୋ ଜିତ୍ କିମ୍ବା ହାର୍‌ରେ ତୋ ଦାୟ ମାତ୍ର କିଛି ଚିନି ମୁଣ୍ଡା?

ମୁଁ ତୋତେ ପ୍ରେମ କରିବାକୁ ବାଧ୍ୟ!
ମୁଁ ତୋ ଆଖିର ଅନିଦ୍ରା ହେବାକୁ ବାଧ୍ୟ!
ମୁଁ ତୋ ଦୁଃଖର ଭାଗିଦାରୀ ହେବାକୁ ଦାୟବଦ୍ଧ!

ମୁଁ ତୋ ଶେଜ, ତୋ ଭୋକ, ତୋ ଆଖିର ଲୁହ, ମୁଁ ଅସଜଡା ମନର ଗରମ ନରମ ଓଠ।
ତୁ ହେବାକୁ ଦେଲେ ମୁଁ ତୋ କାଲି ରାତିରେ ଅସମାପ୍ତ ନିଦ ଆଉ ସ୍ୱପ୍ନ ହେବାକୁ ରାଜି!
ନେ ମୁଁ ନିଦର ଅଞ୍ଜନ ହେଲି!
ତୋତେ କଲା ନାଇ ଆସେ ତ?
(ତା ଅସମାପ୍ତ ନିଦର କବିତା)

ଅଗ୍ନି ସରସ୍ୱତୀ - ୬୧

ମୁଁ ନାହିଁ ବୋଲି କହିବା ପରେ ପରେ ହିଁ
ସେମାନେ ମାଡ଼ି ଆସିଲେ ପାଖକୁ
ଆକାଶ ନଇଁଗଲା ମାଟି ମୁହାଁ
ସମୁଦ୍ର ଘୁଞ୍ଚି ଗଲା ସାତୋଟି ଲହଡ଼ି ପଛକୁ
ମାଟି ଉଠିଗଲା ଇଞ୍ଚେ ଉପରକୁ

ମୁହଁ ବୁଲେଇ ଫେରି ଯାଇଥିବା ଫଗୁଣ
ମୋ ଦୁଆରେ ଠିଆ ହେଇଥିଲା,
ବସନ୍ତ ଆଣିଥିଲା କିଛି ହଳଦିଆ ପର
ସେ ଶୁଆ ଯେ' ଉଡ଼ି ଯାଇଥିଲା ପଛ କରି
ସେ ତା ହାତରେ ଧରିଥିଲା କିଛି ଶାଗୁଆ ରଙ୍ଗ,

ଜହ୍ନରାତି ପାପୁଲିଏ ଜ୍ୟୋସ୍ନା ଆଣିଥିଲା
ଆଉ ତାରା ମାନେ ଆଣିଥିଲେ ମନଦୁଃଖ,
ଶୀତରାତି ଖୋଜି ଆଣିଥିଲା ମୋ ହସ
ଆଉ ବର୍ଷା ଧରି ଫେରି ଥିଲେ
ବେଶ କିଛି ଉଦାସ କବିତା,
ଗ୍ରୀଷ୍ମ ଆଣିଥିଲା ଅକ୍ଷୟ ମହାନ୍ତିଙ୍କ ଗୋଟେ ଗୀତ !

ମୋ ଅଗଣା ସାରା ଥିଲେ ଅନେକ ଲୋକ
ସେଥିରୁ କିଛି ଥିଲେ ମୋ ପୂର୍ବତନ ପ୍ରେମିକ

କିଛି ଶତ୍ରୁ,
ଆଉ କିଛି ଆସିଥିଲେ ମେଞ୍ଚେ କୌତୁହଳ ଧରି,
ମୋ ନ ଥିବାର କବିତା ଶୁଣି,

ମୁଁ କଣ ଘରେ ଥିଲି ?

ମୋ ଡାଇରୀର ଶେଷ ପୃଷ୍ଠାରେ
କବିତା ଲେଖା ଚାଲିଥିଲା,
ଜହ୍ନରାତି, ଶୁଆ, ସମୁଦ୍ର ଆଉ ଋତୁମାନେ
କିଛି ପ୍ରେମିକଙ୍କ ସହ ବାହାରେ ଅପେକ୍ଷା କରିଥିଲେ,
ବଗିଚାରେ ଶେଷ କୋଣରେ
ଅଚିହ୍ନା ଲୋକଟେ ଗଙ୍ଗଶିଉଳିର ଚାରାଟେ ପୋତୁଥିଲା !

ଆପଣ ଗଙ୍ଗଶିଉଳିକୁ ଯାଣନ୍ତି
ସେଇ ଫୁଲ ମ ଯେ'
ରାତିରେ ଫୁଟି ସକାଳୁ ଝରି ପଡ଼ିଥାଏ,
ଖାଲି ଭୁରୁଭୁରୁ ଗନ୍ଧଟେ ଛାଡ଼ିଯାଏ ପବନରେ !

ମୁଁ ମୋ ନଥିବାର କବିତା ଲେଖୁଥିଲି ଆଜି
ମୋର କହିବାର ଥିଲା ଯେ'
ମୁଁ ଆଉ ନାହିଁ,

କବିତା ଖାତାର ଶେଷପୃଷ୍ଠା ଲେଖା ସରିଥିଲା ।
(ଶେଷପୃଷ୍ଠା)

ଅଗ୍ନି ସରସ୍ୱତୀ - ୬୨

ମୁଁ ଖୁବ ଡରେ ଆଲୁଅକୁ !
ଆଲୁଅରେ ସମ୍ପର୍କ ମାନଙ୍କ ରଙ୍ଗ ସଫା ଦିଶେ, ଦିଶେ କଦାରକାର ପାର୍ଶ୍ୱ ଟେ ।
ସୂର୍ଯ୍ୟ ସହ ମୋର ଶତ୍ରୁତା କାହିଁ କେତେ ଜନ୍ମର ହୁଏତ !

ମୁଁ ଅନ୍ଧାରକୁ ଭଲ ପାଏ, ରାତି ମୋ ପ୍ରେମିକର ଦେହ ପରି ।
ଯାହାର ଉଲଗ୍ନ ଦେହ ସହ ମୁଁ ପ୍ରତିଟି ରାତିରେ ମତ୍ତ ହୁଏ ।
ଏ ଅନ୍ଧାର ମୋତେ ଉଲଗ୍ନ କରେ ଆଉ ତନ୍ନ ତନ୍ନ କରି
ତା' ଆଲୁଅ ଆଖିରେ ଦେଖେ ମୋ ସମସ୍ତ ଅସମର୍ଥତାକୁ ।
ମୋର ସବୁ ଅପରାଗତା ପରେ ବି ମୋତେ ଉନ୍ମାଦ କରେ, ଗ୍ରହଣ କରି,
ପରି ପୂରଣ କରେ ।

ମୋତେ ଫିଟାଇ, ଖୋଲି, ଯୋଡ଼ି ସେ ଦେଖିଛି !
ସେ ଦେଖିଛି ମୋତେ ମୋ ଦେହରୁ ପରସ୍ତେ ପରସ୍ତେ କରି
ସେ ଦେଖିଛି ଦାଗରୁ ନେଇ ଦାଗେଇବାର ଇତିହାସ !
ସେ ଶୁଣିଛି ମୋ ସ୍ୱରବର୍ଣ୍ଣରୁ ବ୍ୟଞ୍ଜନ ବର୍ଣ୍ଣର ରେରେକାର !
ସେ ମୋତେ ଆକଣ୍ଠ ପିଇଛି ମଦିରା ପରି !
ସେ ମୋତେ ସମ୍ପୂର୍ଣ୍ଣ ଭୋଗିଛି ଆଦମ୍‌ର ଅଦମ୍ୟ ତୃଷ୍ଣା ନେଇ !

ମୁଁ ଏଇ ରାତି ପାଇଁ ଉଜାଗର ରହିଛି ରାତି ପରେ ରାତି, ପ୍ରହର ପରେ
ପ୍ରହର, ଦିନ ପରେ ଦିନ ।
ହେଲେ ମୋତେ ରାତି ଆଉ ତାର ବହଳିଆ ଅନ୍ଧାର ଛାଡ଼ିନି !

ପ୍ରତିଟି ରାତି ପରେ ରାତିକୁ ନେଇ ତା ଅନ୍ଧାରକୁ ନେଇ ମୋହ ବଢ଼ିଛି,
ପ୍ରେମ ବଢ଼ିଛି,
କାମନା ତାର ସମସ୍ତ ପ୍ରଜ୍ଜ୍ୱଳନ ନେଇ ଅଗ୍ନି ପରି ବ୍ୟାପି ଯାଇଛି ମନରୁ ଦେହ,
ଦେହରୁ ଆତ୍ମା ଆଉ ଆତ୍ମା ରୁ ..

ମୁଁ ଖୁବ ଡରିଛି ଆଲୁଅକୁ,

ଏ ଆଲୁଅ ହିଁ ଅନ୍ଧାର କରିଛି ବେଶି ମୋତେ
କେବେ ଭୟଙ୍କର ବିଷଧର ହେଇ
ତ କେବେ ବିପନ୍ନ ଅତୀତ ହେଇ ମୋତେ ଛିଣ୍ଡାଇ ଖାଇଛି
ମୁଁ ଚିତ୍କାର କରିଛି ...
ହେ ରକ୍ଷାକର, ରକ୍ଷାକର !

ଏ ଅନ୍ଧାର ମୋ ଅଭିପ୍ସାମାନଙ୍କୁ ଉନ୍ମୋଚିତ କରିଛି ମୋ ଆଖିରେ ।
ମୋତେ ଶିଖେଇଛି ପାଦେ ପାଦେ ନର୍କକୁ ଓହ୍ଲାଇ ଯିବାର ବାଟ,
ରମଣୀୟ ନର୍କରେ ସେ ହିଁ ଶିଖାଇଛି ମୋତେ
ଗୋଟି ଗୋଟି କରି କେମିତି ଭୋଗିବାକୁ ହୁଏ ନିଜ ଅପୂର୍ଣ୍ଣତାମାନଙ୍କୁ !
କେମିତି ବାଁ' ହାତରେ ଲୁହ ପୋଛି ଡାହଣ ହାତରେ ମୁଠେଇ ବାକୁ ହୁଏ
ମାଟିର ମୋହ,ପ୍ରେମର ଶିରାଳ ହାତ ।
କେମିତି କ୍ଷମା କରିଦିଆ ଯାଏ ପ୍ରେମିକର ଅଯୋଗ୍ୟତା,
ସମାଜର ନାଲି ଆଖି ଆଉ ଚରିତ୍ରହୀନା ହେବାର କଳଙ୍କ ।

କେବଳ ଏଇ ରାତି ଜାଣେ
ଆଲୁଅ ର ଆତ୍ମଲିପି ଲେଖୁଥିବା ସବୁ ସକାଳ ମିଛ !

କେବଳ ଆଉ କେବଳ ଏଇ ରାତି ଜାଣେ
ଆକାଶ ସାରା ସୂର୍ଯ୍ୟର ରାଜତ୍ୱ ଥିବା ସତ୍ତ୍ୱେ ବି
ମିଛ ଏ ଆଲୁଅର ମୋହ !

କେବଳ ଏଇ ରାତି ଜାଣେ
ଅନ୍ଧାର ଓ ପ୍ରେମ ଦୁହେଁ ଦୁର୍ଭେଦ୍ୟ,

ସବୁ ଅଭିମନ୍ୟୁ ମାନେ ହୁଏତ ଜାଣନ୍ତି
ଚକ୍ରବ୍ୟୁହରୁ ଫେରି ଆସିବାର ବାଟ,
ହେଲେ ଜୟଦ୍ରଥର ନିଧନ ପାଇଁ ଅଭିମନ୍ୟୁ କାଳେ କାଳେ ମରିବାକୁ
ବାଧ୍ୟ !

କେବଳ ଏଇ ରହସ୍ୟ ଟିକକ ଜାଣେ
ରାତି ଆଉ ଅନ୍ଧାର !
(ରହସ୍ୟ)

ଅଗ୍ନି ସରସ୍ୱତୀ - ୬୩

ତୋ' ଆକାଶ ବାଣ୍ଟିବା ଇଚ୍ଛାର
ମୁଁ ଲଗାମ ଲଗା ଘୋଡା ହେବାର ନାହିଁ
ନାହିଁ ଆଉ ଗୋଟେ " ଏକାନ୍ତ ମୋର'ର ଅହଂକାର
ହେବାର !

ମୁଁ ତୋର,
ବିଶ୍ୱାସ କରି ପାରୁ
ମୋତେ ରାଣ ଖାଇ ଆସେନି
ରାଣ ମାନି ଆସେନି !

ମୋ ପାଖରେ ଦେବବ୍ରତର ଭୀଷ୍ମ ପ୍ରତିଜ୍ଞା ଏବେ ବି ତୁଚ୍ଛ
ଅମ୍ବାର ସ୍ୱାଭିମାନ ଆଉ ବରଣମାଳା ଆଗରେ !

ପ୍ରିୟ,
ପିଞ୍ଜରା ବୋଲି କିଛି ନଥାଏରେ
ଆକାଶି ପକ୍ଷୀର,
ମୁଁ ଜାଣେ ଯେ ତୋତେ ବନ୍ଦ କରି ଆସେନା ଦୁଆର
ତୋତେ ଭିଡ଼ି ଆସେନା ଲଗାମ,
ତା' ପରେ ବି ତୁ କେବଳ ମୋ
ବାୟାର ମାୟାଛନ୍ନ ବସା ଟିକକ ହେଇ ରହିଁଥା !

ବର୍ଷା ହେଲେ ଫେରିବି, ଲୁଚିବାକୁ ନୁହେଁ
ଏକାଠି ସାଥୀ ହୋଇ ଭିଜିବାକୁ
ଶୀତ ହେଲେ କମ୍ବଳ ହେବା ଦୁହେଁ ଦୁହିଁଙ୍କର
ଆଉ ଖରାରେ ସବା ଉଚ୍ଚରେ ଉଡ଼ିବା

ତୁ ଜାଣୁ ସୂର୍ଯ୍ୟ ମୁହାଁ ହେବାକୁ ଡର ଲାଗେନି
ଡର ଲାଗେ ଯେ' ପର ପୋଡ଼ିଗଲେ
ପକ୍ଷୀର ମୃତ୍ୟୁ ପାଇଁ କିନ୍ତୁ ସୂର୍ଯ୍ୟ ଦାୟୀ ହୁଏନା କେବେ !
ସୂର୍ଯ୍ୟ କେବଳ ସୌର ମଣ୍ଡଳ ର ଦାୟ ମୁଣ୍ଡାଏ ମୁଣ୍ଡରେ,

ଆ'
ପକ୍ଷୀ ହେବା,
ସୂର୍ଯ୍ୟ ଠୁଁ ଦୂରରେ ପାତିବା ଘର
ମନେରଖ ପ୍ରିୟ ଏଠି କେବଳ ଆଉ କେବଳ
ଦାୟ ପ୍ରେମର !
(ପକ୍ଷୀର ପ୍ରେମ ସଙ୍ଗୀତ)

ଅଗ୍ନି ସରସ୍ୱତୀ - ୬୪

ରାତି ଠିକ ମୋ ପ୍ରେମିକର ଦେହ ପରି
ଯାହାକୁ ଭୋଗାଯାଇ ପାରେ
ପ୍ରେମିକାର ଆସ୍ପର୍ଦ୍ଧାରେ !

ମୋ ଭାଗର ଅନେକ ରାତିକୁ ମୁଁ ଭୋଗିଛି
ଅନେକ ରାତିର ଆଲିଙ୍ଗନରେ ବିଭୋର ହୋଇଛି
ମୋ ଆସନ୍ତା କାଲିର ସକାଳ,

ଜାଣୁ କେବଳ ଏ ରାତି, ଏ ଅନ୍ଧାର ହିଁ ମୋ ଭାଗରେ
ଅବଶିଷ୍ଟ,
ତୁ ପଚାରୁ ଯେ ମୁଁ କାହିଁକି ଦେଖିନି କେବେ ସୂର୍ଯ୍ୟୋଦୟ ?
ଏଇ ସୂର୍ଯ୍ୟାସ୍ତ ହିଁ ମୋ ନିୟତି
ମୋ ଭାଗ୍ୟର ଶେଷ ଭାଗଫଳ,

ମୋର ଏବେବି ଲୋଭ ଅଛି ତୋ ଭାଗର ଗୋଟେ ରାତି
ଭୋଗିବାକୁ,
ଦେବୁ ?
ତୋ ଭାଗର ରାତି ଟେ ମୋ ଅନ୍ଧାରକୁ ଯାଚିଦେବୁ ?
ଗୋଟେ ସକାଳ ଯାହାର ସୂର୍ଯ୍ୟାସ୍ତ ପରେ
ଉଦୟ ହେବ ଆଲୋକ,
ଏ ରାତିର ଅନ୍ଧାର ମାନେ ପାପାଙ୍କିତ କି ନା ଜାଣେନା
ହେଲେ ଅତ୍ୟନ୍ତ କାମ୍ୟ !

ଗୋଟେ ରାତି ଭୋଗିବାକୁ,
ଗୋଟେ ରାତି ଜୀଇଁବାକୁ,
ଗୋଟେ ରାତି ତୋ ଆତ୍ମା ଛୁଇଁବାକୁ,
ଗୋଟେ ରାତି ସମ୍ପୂର୍ଣ୍ଣ ତୋର ହେବାକୁ,

ଦେହ ନଥାଉ ସେ ରାତିରେ
ହେଲେ ପ୍ରେମ ଥାଉ
କାମନା ନଥାଉ ସେ ରାତିରେ
ହେଲେ ଆଶ୍ୱାସନା ଥାଉ
ଆଉ କିଛି ଥାଉ କି ନଥାଉ,
ମୁଁ ଥାଏ, ତୁ ଥାଉ,

ରାତି ଦେଖିଛୁ କେବେ ?
ଦେଖିନୁ, ତେବେ ନେ' ତୋତେ ଦେଲି ମୋର ଏ ଆଖି
ଯୋଡ଼ାକ
ଦେଖିନେ କେତେ ରାତି ସେଥିରେ
ଅନିଦ୍ରାର,
ଅପ୍ରେମର,
ଜ୍ୱାଳାର,
ବାସନାର,
ଅପମାନର,
ଅବଶୋଷର,
ଅପରାଧର,
ଅବସାଦର,

ଏ ସବୁ ପରେ ବି ମୋର ବାକି ଅଛି ସ୍ୱପ୍ନ
ରାତିକୁ ନେଇ, ଅନ୍ଧାରକୁ ନେଇ, ଛାଇକୁ ନେଇ

ଏ ସବୁ ପରେ ବି ବାକି ଅଛି ବେଶ କିଛି ଆସ୍ପର୍ଦ୍ଧା

ତୋ ପ୍ରେମ ନେଇ,
ତୋ ଆବେଶକୁ
ତୋ ଆବେଶକୁ ନେଇ ସମ୍ପୂର୍ଣ୍ଣ ହେବାର,

ଗୋଟେ ରାତି ଦରକାର ତୋ ଭାଗର
ତୋ ଓଠରେ ମୋ ଓଠର ରାତିଟେ
ତୋ ଛାତିରେ ମୋ ଲୁହର ରାତିଟେ
ତୋ ହାତରେ ମୋ ହାତର ରାତିଟେ
ତୋ ଦେହରେ ମୋ ତାତିର ରାତିଟେ !

ହୁଏତ ଏମିତି ଗୋଟେ ରାତିର
ସକାଳ ନଥିବ,
ସମାଜ ନଥିବ,
ସମ୍ମାନ ନଥିବ,

ହେଲେ ବିଶ୍ୱାସ କର ଯେ ସେ ରାତି ଆମର ଥିବ
ଆଲୋକରେ ଅନ୍ଧାର ଅନ୍ଧାର ରାତିର ଦେହ
ଆମ ପ୍ରେମର ମହାଗାଥା କହିବ,

କାହିଁକି ନା ସେ ରାତି
ମୋ ପ୍ରେମିକର ଦେହ ପରି
ଯାହାକୁ ଭୋଗିବାକୁ ମୁଁ ଶତ ସହସ୍ର ଥର
ଜନ୍ମ ନେବାକୁ ରାଜି,

ଆଜି ମୁଁ ତୋତେ କଥା ଦେଲି
ଏଥର କହ; ହେବୁ ମୋ ପାଇଁ ରାତିଟେ
ହେଉ ପଛେ ପାପର !
(ଗୋଟିଏ ରାତି: ପ୍ରେମ)

ଅଗ୍ନି ସରସ୍ୱତୀ - ୬୫

ଏ ତାତିଲା ଗ୍ରୀଷ୍ମ ପରି
ଡହଡହ ଉଷ୍ମ ଏ ଗ୍ରୀଷ୍ମିୟ କବିତା ସବୁ
ତୋ ଉଦାସୀନ ସଞ୍ଜରେ ସଜଳ,

ମୋ ବେକମୂଳରୁ ଝରି ଆସୁଥିବା ଝାଳ
ଆଉ ବୋହି ଆସୁଥିବା ସିନ୍ଦୁର ପରି
ଖୁବ୍ ସ୍ରୋତବତୀ ମୋ ଅଭିମାନ,

କିଏ ଜଣେ ହାତୀବେଶରେ
ଶହେ ଆଠ ମାଠିଆ ପାଣିରେ ସ୍ନାନ ସାରି
ଅଣସରେ,
ଏଣେ ଗୁଳୁଗୁଳିରେ ମରି ଯାଉଛି ସଂସାର

ମୋ ଦେହର ଅଣସରରେ
ତୋ ମନ ଖରାପର ସ୍ନାନ ସାରି
ଟିକେ ଜରରେ ପଡ଼ିବୁ ଆ'
ମୁଁ ଉପଚାରରେ ବାଢିଦେବି
ଚୁମାର ଚୁଡ଼ାଘଷା,

ତୋ କିଛି ଅସ୍ୱସ୍ତି ନେଇ
ପୋତିଦେବି କୋଇଲି ବୈକୁଣ୍ଠରେ

ଆଉ ତା ପରେ ପ୍ରତିରାତି ତୋ ଅସ୍ୱସ୍ତି ସହ
ମହାରାସ,
ତୁ ଥା' କି ନଥା'!

ତୋ ଏତେ ବଡ଼ ଜୀବନରୁ କାଢିଦେ
ଏଇ କିଛିଦିନ,
ଦେବସ୍ନାନରୁ ନେଇ ନବଯୌବନ
ଏତକ ଏଥର ଗ୍ରୀଷ୍ମିୟ କବିତା ହେଉ,
ତୋ ଉଦାସ ସଂଞ୍ଜ ରୁ ନେଇ
ସୌଭାଗ୍ୟର ଅପରାହ୍ନ ଯାକେ
ତୋ ଅନ୍ୟମନସ୍କ ସକାଳରୁ ନେଇ ଅତନ୍ଦ୍ର ରାତି
ଏଥର ଏ ସବୁ ମୋର!

ଏ ଉତ୍ତପ୍ତ ଜ୍ୟଷ୍ଠ
ତୋ ନିଦାନର ଋତୁ ହେଉ
ଆଉ ମୁଁ ହୁଏ ତୋର ଶେଷତମ ଅଣସର
ପ୍ରତିଥର!
(ଅଣସର)

ଅଗ୍ନି ସରସ୍ବତୀ - ୬୬

ତୋ ପ୍ରେମ କହିଲେ
ଟେବୁଲ ଉପରେ
ଖେଳେଇ ହୋଇ ପଡ଼ିଥିବା
ଗୋଟେ ମରୁଭୂମି ପରି ଦେହ,

ଯା' ଦେହରେ ଆଉ କେବେ ହୁଏତ
ଫୁଲ ଫୁଟିବନି,

ମୁଁ ଗୋଟେ ଅମା ଅନ୍ଧାର ରାତି
ଆଉ ତୁ ସେ ରାତିର ତୃତୀୟ ପହର

ଏ ପ୍ରହର ପରେ ହୁଏତ ମୁଁ
ହଜି ଯାଇପାରେ, ମରିଯାଇ ପାରେ,

ତୁ ଜାଣୁକି ନା
ମୁଁ ଗୋଟେ ଅଭିଶପ୍ତ ଶେଷ ଶୋଷ
ଯାହାର ତୃଷାର୍ତ୍ତ ହେବାର କାହାଣୀର
ଶେଷରେ ତାକୁ ଭେଟି ଦିଆଯାଏ
ବିଶାଳକୁରୁକ୍ଷେତ୍ରର ଭାଗ୍ୟ,

ଚିନ୍ତା କରି ଦେଖ ପ୍ରିୟତମ
ରକ୍ତର ମହାନଦୀରେ

ଶୋଷ ମରେନା କେବେ
ପାଣି ହିଁ କେବଳ ପାଣିର ବିକଳ୍ପ,

ମୁଁ ତୋତେ ପାଣି ପରି ପିଇଯିବାକୁ ଚାହଁ
ମରୁଭୂମିର ଶୋଷରେ
ମୁଁ କାଳାନ୍ତରର ଅଭିଶାପ,

ତୁ ଆଷାଢର ମେଘମଗ୍ନ ରାତି ହୋଇ ଆସେ
ବାହାରେ ବର୍ଷାର ନୁପୂର ନିକ୍ୱଣରେ
ଆ' ନାଚିବା ମୟୂରର ତୃଷ୍ଣା ନେଇ
ଏ ଋତୁ ହିଁ ସହବାସର,

ଶ୍ରାବଣର ମେଘାଳୟି ଦେହରେ
ତୁ ମୋ ଆଖିରେ ଶେଷଥର ଏକ ହ
ଆଉ ଦେଖ ଗୋଟେ ଅସ୍ଥିର ରାତି କେମିତି
ଢଳି ପଡୁଛି ଆଉ ଗୋଟେ ସୂର୍ଯ୍ୟୋଦୟରେ,

ସହପବାସର ଶେଷ କହିଲେ
ମିଳନ ଏମିତି ତ ଆଉ ମାନେ ନାହିଁ
ବିୟୋଗ ବି ପ୍ରେମ ପରାକାଷ୍ଠାରେ
ଉତ୍ତରିତ ହେଉ,

ତେଣିକି ମରୁଭୂମିର ତୃଷ୍ଣା
ଆଷାଢ ଓ ଶ୍ରାବଣର ପରିଚୟ ହେଉ
କ୍ଷତି କଣ ?
(ମେଘଶୋଷ)

ଅଗ୍ନି ସରସ୍ୱତୀ - ୬୭

ମୁଁ ଏକ କ୍ଲାନ୍ତ ଅପରାହ୍ନ ହୋଇ
ନଇଁ ପଡ଼ିଥିବା ବେଳେ
ସେ ଆସିଥିଲା ଗୋଟେ
ଅମୋହିଣି ଖଣ୍ଡିଆ ଭୂତ ହୋଇ !

ତୁ ଏତେ ଜାଣୁ
ଶୀତଳ ଅପରାହ୍ନରେ
ଋତୁସ୍ନାତାର ମୁଣ୍ଡ ଧୋଇବା ବଥା ?

ପ୍ରତିଟି ଲୋମମୂଳରେ
ବସା ବାନ୍ଧୁଥାଏ କଷ୍ଟ
ଧମନୀରୁ ଶିରାକୁ ଡେଇଁପଡେ
ଚିତ୍କାର,

ଆଉ ଚିତ୍କାର ପକ୍ଷୀର ଡେଣାରେ
ଉଡ଼ିଆସେ ଦେହକୁ
ହେଲେ ମୋତେ ପାଟି ଖୋଲିବା ମନା,

ମନା ତୋ ଦେହର ଗରମ ଶେଜ !

କ୍ଷୀର ହେଉ ବା କଫି

ଉଷୁମ ଲେମ୍ବୁ ମହୁପାଣି ହେଉ ବା
ଚା'
ଏ ସବୁ ଉପଚାର ବ୍ୟର୍ଥ,

ଔଷଧ ବୋଲି ଡବା ଭର୍ତ୍ତି ଥାଏ
ହେଲେ ହାତ ଖୋଜେ
ଗୋଟେ ଲୋମଶ ଛାତି
ଆଉ ଦେହ ?

ଛାଡ !

ବୋଉ ମନାକରିଥାଏ
ପାପର ଶିକୁଳିରେ କିଳି ଦେଇଥାଏ
ଜ୍ଞାନର ଆଖି,
ମୋତେ ମନା ମାନିବାକୁ ହୁଏ

ହେଲେ ମନ,
ସେତ ଆଉ ପାପର ଭାଗିଦାରୀ ବୁଝେନା,

ସେ ମୁକ୍ତଥାଏ ଆଉ ବୋହୁଥାଏ ପିଠିରେ
ମୋ ବଥା, କଷ୍ଟ, ଚିତ୍କାର ଓ ଚିତ୍କାର
କେବଳ ସେ ଜାଣେ
ମୋ ଉପଚାର କେବଳ ତୁ,

କେବଳ ସେ ଜାଣେ
ସମାଧି କହିଲେ ବେଳେବେଳେ
କେବଳ ଭାବନାର ମହା ମିଳନ ବି !
(ଋତୁସ୍ନାନ)

ଅଗ୍ନି ସରସ୍ୱତୀ - ୬୮

ଏ ନିଆଁଲଗା ରାତିର ବର୍ଷା ହିଁ ଜାଣେ
ମୁଁ ଏକରକମ ମରିଯିବି ଯଦି ଗୋଟାପଣ ଓଦା ନହେଲି
ହେଲେ ଏ ପୋଡ଼ାମୁହାଁ ବର୍ଷା ଅନର୍ଗଳ ଝରୁଥାଏ ଆକାଶକୁ
ଦୁଇଭାଗ କରି,

ମୁଁ ଖୁବ ଅଥୟ ହେଉଥାଏ ମୋ ଉଷ୍ଣ ତୁଳିତଳ୍ପ ଶଯ୍ୟାରେ
ମୋ ସର୍ବାଙ୍ଗରେ ଅଗ୍ନି ବିପ୍ଳାତ
ତା ପ୍ରତିଟି ବୁନ୍ଦାରେ ଶୀତଳ ହୁଏ ପୃଥିବୀ
ଆଉ ନିଆଁ ଲାଗୁଥାଏ ମୋ ଦେହରେ,

କାହାକୁ କୁହନ୍ତି ଯେ ଏ ବର୍ଷା ମୋତେ ଅଥୟ କରେ
ବାରମ୍ବାର ଆମନ୍ତ୍ରଣ କରେ ତାର ଅଥୟ ଆଲିଙ୍ଗନକୁ
କେମିତିକୁହନ୍ତି କାହା ଆଗରେଯେ
ବର୍ଷା ତାର ପ୍ରତିଟି ବିନ୍ଦୁ ବିନ୍ଦୁ ଯୋଡ଼ି ରୂପ ଧରେ
ଇପ୍‌ସିତ ମଣିଷର
ଆଉ ଆଲିଙ୍ଗନରେ ଚୁରମାର କରେ
କାୟାକଳ୍ପ !

କେମିତିକୁହନ୍ତି ଏ ବର୍ଷା ସବୁତକ ମେଘର ପାଣି ନେଇ ବି
ତୃଷିତ ରହେ କେବଳ ମୋ ଅଧର ଶୋଷରେ
ମୋ ଭିଜା ଦେହର ଉତ୍ତପ୍ତ ଓଠକୁ ଭିଜେଇ ଦେଇ
ସେ ତାର ଚରମ ଶୋଷକୁ ଯୋଗାଡ଼ି ଦିଏ ଇନ୍ଧନ,

ଆହାଃ ଏ ବର୍ଷା,
ଅନବରତ ମଥା ପିଟୁଥାଏ
ମୋ ଝରକା କବାଟରେ
କାନେଇ ଥାଏ ମୋ ପାଉଁଜିର ନିକ୍ୱଣକୁ
ଆବେଗରେ, ଆହ୍ଲାଦରେ, କ୍ରୋଧରେ, ପ୍ରେମର ଦୁର୍ବାର
ପରାକାଷ୍ଠାରେ
ଆଉ ବେଳେବେଳେ ଛଳଛଳ ଆଖିରେ
ଡାକୁଥାଏ ମୋତେ ମୋ ବାଲକୋନିକୁ, ଖୋଲାଛାତକୁ

ଆ, ଥରେ ତ ଆ'
ତୋ ସ୍ପର୍ଶରେ ମୋ ଉତ୍ତାପକୁ ଶୀତଳାଇ ଦେଇ ଯା
ତୋ ଓଠରେ ମୋ ଓଠକୁ ତୃପ୍ତ କରି ଯା
ତୋ ଉଲଗ୍ନ ଦେହରେ ମୋତେ ଆହୁରି ବେଶି ଛତରା
କରିଦେଇ ଯା,

ହେଇ ଶୁଣ କିଛି ବି ନକର, ଥରେ ହେଲେ ଆ
ମୋତେ ଆଖିଭରି ଦେଖି ଯା
ଦୂରେଇ ରହି, ଛାତର ପାଣି ପଡୁନଥିବା ଜାଗାରୁ
ବାଲୁଙ୍ଗା ବାଲକୋନିର ଧାରରୁ
କିଛି ନହେଲେ ଏ ବେଲଜ୍ଜା ଝରକା ପଛରୁ,

ସେ ଏମିତି ଅନୁନୟରେ ସାରାରାତି
ଝରି ଝରି ଆକାଶର ପେଟ ଖାଲି କରି
ଝରଣା ହୁଏ,
ଝରଣାରୁ ନଈ ଆଉ ନଈରୁ ନିରବି ସାଗର
ହେଲେ ମୁଁ କବାଟ ଖୋଲି ପାରେନା

ମୋତେ ବର୍ଷା ମନା
ମୁଁ ବର୍ଷାମନା ହୋଇ ଏମିତି ନିଜ ପରିଧିରେ ସରିଯାଇ ପାରେ

ହେଲେ ବାହାରି ପାରେନା ଛାତିଏ ଓଦା ହେବାକୁ

କେହି ଜଣେ ରାଣ ଦେଇଥାଏ,
ହେଇଟି ମୋ ମୁଣ୍ଡ ଖାଇବଟି ଯଦି
ସେ ନିଆଁଲଗା ରାତିର ବର୍ଷାରେ ଭିଜିଭିଜି
ମୋ ପ୍ରେମିକ ପଣକୁ ଈର୍ଷାରେ ଭରି ଦେଇଛ !

ହଁ,
ମୁଁ ତାକୁ ବୁଝେଇ ପାରେନା
ଏ ରାତିବେଳାର ବର୍ଷା ବି ମୋ ପ୍ରେମିକ
ଠିକ୍ ତମ ପରି !
(ରାତିବର୍ଷା ଆଉ ମୋ ପ୍ରେମିକ)

ଅଗ୍ନି ସରସ୍ୱତୀ - ୬୯

ତୁମକୁ କଣ କେବେ କହିଥିଲି
ଗୋଟେ ଘୋଡସବାରର କାହାଣୀ
ଯାହା ଆଖିର ରଙ୍ଗକୁ ଇର୍ଷା କରେ ମେଘ ?

ମୁଁ ଗୋଟେ ଆତ୍ମମଗ୍ନ ଚନ୍ଦନ ଗଛ
ଯେ ଜାଣେ ଯେ ସାପର ଆଶ୍ରୟ ହେବା
ତାର ଏକମାତ୍ର ନିୟତି,

ତଥାପି ସେ ଆସେ ରାତି ଗାଢ ହେଲେ
ତା ଘୋଡାଟାପୁରେ ଜୀବନ୍ତ ହୁଏ ଗଛ
ଆଉଥରେ ଅପେକ୍ଷା କରେ ଆସନ୍ତା କାଲିର ମୃତ୍ୟୁକୁ,

ପ୍ରତିଥର ସେ ଛାଡ଼ିଯାଏ ତା ଅଂଶ
ମୋ ଗର୍ଭରେ ଭ୍ରୁଣେଇବାକୁ
ଆଉ ପ୍ରତିଥର ମୁଁ ବାଞ୍ଝର ଭାଗ୍ୟ ନେଇ
ରକ୍ତାକ୍ତ ହୋଇପଡେ ତା ଶେଷସ୍ପର୍ଶ ପରେ ପରେ
ମୋର କରି ରଖିବାର ଅଂହକାରରେ
ମୁଁ ବାରମ୍ବାର କ୍ଷତାକ୍ତ ହୁଏ ପ୍ରେମର ସବା ଶେଷ ପାହାଚରେ,

ରାତି ହେଲାଣି ସେ ଆସୁଥିବ !

ଆକାଶ ର ପ୍ରେମ ନିବେଦନକୁ ଆଡେଇ ଦେଇ
ମୁଁ କେବଳ ବିଭୋର ହୋଇପାରେ
ତା ମେଘରଙ୍ଗର ଆଖିରେ,

ତା ଓଠରେ ମୋ ମଦିରାମୟ ଦେହର ଶୋଷ
ସ୍ପଷ୍ଟ ଦିଶେ ଏ ମେଘିଳ ସନ୍ଧ୍ୟାର ଛାତିରେ
ଏ ବର୍ଷଣ ମୁଖର ରାତି ଜାଣେ
ଆମେ କେବଳ ଦୂରେଇ ଥାଉ
କାହିଁକି ନା ଅନ୍ଧାରରର ବି ଥାଏ ହଳେ କାନ !

ତା ଅବେଳରେ ବି ତୃଷିତ ଥାଏ ଲାଜ
କେଜାଣି କାହିଁକି ବୁଡ଼ି ମରେନା ମୋ ଆଖିରେ
ପୋଡ଼ି ଯାଆନ୍ତା ହେଲେ ପୋଡାମୁହିଁଟା,

ପାଟି ଖୋଲି କହି ପାରେନା ଯାହା;
ମୋ ମେଘାଳୟୀ ଦେହର
ତୋ ଦେହର ଭୂଗୋଳ ବେଶ ବେଶୀ ଚିହ୍ନାଚିହ୍ନା ଲାଗେ

ଓଠ ଖୋଲି କହି ପାରେନା
ତୁ ତୋ ବ୍ୟସ୍ତ ଜଞ୍ଜାଳ ଛାଡ଼ି
କପୋତ ର ଡେଣାରେ ପାରି ହେଇ ଯା ଆକାଶ
ମୁଁ ଗୋଟେ କୁଆଁତାରାର ଅପେକ୍ଷା ହୋଇ
ପାହି ନ ଯାଏ,
ଏଇ ଦେଖ ଜୀବନ ପାହି ଯିବାକୁ
ଆଉ ବାକି ନାହିଁ ଖୁବ ବେଶି ସୂର୍ଯ୍ୟାସ୍ତ,

ମୁଁ ଫୁଲ ନୁହେଁ
ଭଲକି ଦେଖ ମୋ ମୁହେଁ

ଦେଖ ମୋ ଦେହରେ କ୍ୟାକ୍‌ଟସି ସୌନ୍ଦର୍ଯ୍ୟ !

ମୋ ପ୍ରେମ କହିଲେ ନିଆଁ ପରି ଡହଡହ ତାତି
ଯଦି ନର୍କର ରମଣୀୟତା ଭୋଗି ପାରିବୁ
ତେବେ ଆସ,
ମୋର ହାତ ଧର;
ଓହ୍ଲାଇ ପଡ଼ ପ୍ରେମର ନର୍କଭୋଗକୁ; ନର୍କାଳୟକୁ

ଯଦି ପାରିବୁ ତେବେ
ମୁଁ ଦରଜା ଖୋଲି ଅପେକ୍ଷାରେ ଥିବି
ନହେଲେ ଯା'
ଖୁବ ବେଶି ବାଟ ନୁହେଁ ମ
ସୂର୍ଯ୍ୟାସ୍ତ !

♥♥
ତୋ ଫେରିଗଲା ପରେ ବି ଏ ପ୍ରେମ ଥିବ
ମୁଁ ଥାଏ କି ନଥାଏ

ତୋ ମେଘରଙ୍ଗର ଆଖିରେ
ମୋ ମେଘାଳୟି ଦେହରେ,

ରାତି ହେଲେ ବି ଚନ୍ଦନ ଗଛର ବାସ୍ନାରେ
ସାପ ମୋହିତ ହୁଏ
ଯେମିତି ମୁଁ ବାରମ୍ବାର ଭୁଲିଯାଏ,
ଜଣେ ଘୋଡସବାରର କାହାଣୀ କହିବାକୁ ।

(ଜଣେ ଘୋଡା ସବାରର ପ୍ରେମରେ !)

ଅଗ୍ନି ସରସ୍ବତୀ - ୭୦

ଏମିତି ନୁହେଁ ଯେ ମୋତେ ଦ୍ରୋହ ଆଉ ପ୍ରେମ
ମାପି ଆସେନା ଅଲଗା କରି,
ମୋତେ ଦ୍ରୋହ ଶିଖାଏ ଏ ପ୍ରେମ !

କାଲି କାଗଜରେ କବିତା ଲେଖିଲେ
କବି ମୋତେ ଆକ୍ଷେପରେ ଚାହେଁ
ପଚାରେ;
କାହିଁକି ଏତେ ଦ୍ରୋହ ତୋ କବିତାରେ କହ ?

ପ୍ରେମ କରି ଜାଣିଲୁନି ମୂର୍ଖ ଝିଅ !

କଣକୁହନ୍ତି ତାକୁ,
କରୋନାର ଜୀବାଣୁ ବୋହୁଥିବା ମୋର ଏ ଦେହ
ପ୍ରତିଟି ନିଶ୍ଵାସରେ ଭୋଗି ଜାଣେ ପ୍ରେମ !

କେବଳ ପ୍ରେମ ହିଁ ମୋତେ ଶକ୍ତ କରେ
କୁହେ ଏ ତ ବାହ୍ୟ ଶତ୍ରୁ କେବଳ,
ତୁ ଏତେ ସମର୍ଥ ଯେ ତୋ ଦ୍ରୋହରେ ବି ପ୍ରେମ ଛଳଛଳ ।

ମୁଁ କେବଳ ବିଭୋର ରାମକୃଷ୍ଣ ପରମହଂସ
ଯେ ବାଦଲରେ ଦେଖେ ପରମାର୍ଥ
ସମାଧିସ୍ଥ ହୁଏ ଆଉ ପୁଣି ଫେରିଆସେ
ଏ ଦେହର କଷ୍ଟ ଆଉ ଯନ୍ତ୍ରଣା ଭୋଗିବାକୁ !

ମୁଁ ପ୍ରେମ କରେ ବୋଲି ବୋଧେ
ଏତେ ଦ୍ରୋହ ମୋ କବିତାରେ,
ଏତେ ପ୍ରେମ ମୋ ଦେହରେ,

ମୁଁ କବିକୁ ଚାହେଁ
ଖୁବ ଶକ୍ତି ତା କଲମରେ
ଆଉ ମୁଁ ସତୀ ଶରୀରର ଛିନ୍ନାଂଶ
ନିଜେ ଶକ୍ତିପୀଠ

ଆଉ ମୋ ଭୈରବ କହିଲେ
ପ୍ରେମର ପ୍ରତିରୂପ ମୋ ପ୍ରେମିକ
ଯେ ଏବେ ବି ଚେଷ୍ଟାକରେ
ମୋ ଦେହର ଜୀବାଣୁ ନଷ୍ଟ ହେଉ

ମୁଁ ବଞ୍ଚିଯାଏ ଆଉ କିଛିଦିନ
ତା ମୁହୂର୍ତ୍ତ ମାନଙ୍କୁ ସେ ପ୍ରେମରେ ଅଭିମନ୍ତ୍ରିତ କରି
ମୋ ଉପରେ ଛିଞ୍ଚି ଚାଲିଥାଏ ଜଳ

ମୁଁ ହୁଏତ ଉଠି ଆସିପାରେ
ଆଉଥରେ ପ୍ରେମର ହାତଧରି
ଦ୍ରୋହ ପାଇଁ ସଜିଲ କରିପାରେ ଶବ୍ଦ,

ଏ କରୋନା କାଳରେ ବି
ମୁଁ ତସ୍ତ କବିତା ନୁହେଁ
ଦ୍ରୋହକୁ ଉତାରି ପାରେ କଲମରେ
କଣ କମ୍ କଥା କି
କୁହ !
(ଦ୍ରୋହ ପାଇଁ ପ୍ରେମର କବିତା)

ଅଗ୍ନି ସରସ୍ୱତୀ - ୭୧

ମୁଁ ରାସ୍ତାର ସବା ଶେଷରେ
ଅଳ୍ପ ଆଲୁଅ ଆଉ ବେଶି ଅନ୍ଧାର ଭିତରେ
ଠିଆ ହୋଇଥିବା ଭିଡର ସେ ଶେଷ ଲୋକଟି
ଯେ' ଏ ସଦା ଘୁରୁଥିବା ପୃଥିବୀରେ ବି
ତାର ଜାଗା ବଦଳେଇ ପାରେନା
ଦୌଡ଼ି ପଳାଇ ଯାଇ ପାରେନା !

ତା ଉପରେ ଭୁଷକିନା ଗଳି ପଡ଼େ ଆକାଶ
ମାଟି ଫାଟିଯାଏ ଦି' ଫାଳ କରି
ନିଆଁ ମାଡ଼ିଆସେ ସର୍ବଗ୍ରାସର ମୁଖ ଧରି
ପୃଥିବୀର ସବୁ ବିଷଧର ମାନେ
ଫଣା ଟେକି ଫୁତ୍କାରରେ ବିଷ ନିକ୍ଷେପ କରୁଥାନ୍ତି

ଲୋକମାନେ ତାକୁ ତଡ଼ି ଦେବାକୁ
ଠେଙ୍ଗାଧରି ଆସନ୍ତି
କୁଭାଷାକୁହନ୍ତି, ଆଉ ଅଳ୍ପ କିଛି ଲୋକ
ତାକୁ ଦୟା କରନ୍ତି, ଆହାଃ ବିଚରା !

ଏଥର ଲୋକଟି ମୁହଁ ଖୋଲେ
କ୍ଷମା କରିବେ ମହାଜନେ
ଦୟାରେ ପ୍ରେମ ବି ଦରକାର ନାହିଁ

ଆପଣ ଫେରେଇ ନେଇ ପାରନ୍ତି ଏଇ ଅଳ୍ପଟିକେ ଜାଗା
ଯାହାକୁ ମୁଁ ମୋର ବୋଲି ଆବୋରି ଧରି
ଅନ୍ଧାରକୁ ବାଛି ନେଇଥିଲି
ଅଭିଶାପ ମୁଣ୍ଡେଇ ଥିଲି
ନିଆଁରେ ଜଳିବାକୁ ତୟାର ଥିଲି
ବିନା ଆକାଶର ପୃଥିବୀ ଭୋଗୁଥିଲି
ଫଟାମାଟିରେ ବି ପାଦଥାପି ଥିଲି
ବିଷଧରର ବିଷର କପେ ଚା' ପିଉଥିଲି

ଏ ସବୁ କେବଳ ପ୍ରେମର ଦାୟରେ !

କିନ୍ତୁ ମୋ ହାତରେ ଦୟାର ପାତ୍ର ଧରେଇ
ସେଥିରେ ପ୍ରେମର ମୁଠି ଚାଉଳ ଅଜାଡ଼ି ଦିଅନି
ମହାନ ହେଇ ପାରନ୍ତି ଆପଣ,

ମୋର ଦୟା ଲୋଡା ନାହିଁ !
(ପ୍ରେମ ଦେବୁ ଯଦି ଆ')

ଅଗ୍ନି ସରସ୍ୱତୀ - ୭୨

ମୁଁ କୋହ ହେବାକୁ ଆରମ୍ଭ କଲା ବେଳକୁ
ସେ ଫିଙ୍ଗି ଦିଏ ମୁଠାଏ ପ୍ରେମ
ମୋର ଶବ୍ଦେଇ ଯିବାର ଆରମ୍ଭ ଏଉଠୁଁ!

ସେ ଜାଣେ ମୁଁ ଅକ୍ଷରକୁ ଶବ୍ଦ କରି
ବଞ୍ଚି ରହି ପାରେ ବାକିର ଆୟୁଷ
ସେ ନିଶ୍ଚିତ ଥାଏ ଯେ'
ମୁଁ ବେଦଧ୍ୱନିରେ ପୋଡ଼ି ଅଙ୍ଗାର ହେଲା ଯାକେ
ମନ୍ତ୍ରୋଚ୍ଚାରରେ ସଞ୍ଚି ଚାଲିଥିବି
ତାର ଆସନ୍ତା କାଲିର ସକାଳ!

ମୁଠାଏ ଅବିର ବୁଣିଦିଏ ସେ
ମୁଁ ଓଁକାର ପରି ସଞ୍ଚରି ଯାଏ ଆଉଥରେ
ଦୀପର ପବିତ୍ରତା ନେଇ ମୁଁ ସାରିଦେଇ ଆସେ
ତା ଘର ଆଗକୁ ଆଲୋକିତ କରି
ତା ଭାଗର ଅନ୍ଧାରତକ ମୁଣା କରି,

ସେ ହୃତପିଣ୍ଡର ରକ୍ତ ସଞ୍ଚାର ମାପୁମାପୁ
ମୋ ହୃଦୟ ପିଢ଼ାରେ ପିଢ଼େଇ ଯାଉଥାଏ
ମୋ କଟିଯାଇଥିବା ଧମନୀର ରକ୍ତ ପ୍ରବାହରେ
ସେ ଅଳ୍ପ ଅଳ୍ପ ଝରୁଥାଏ
ମୁଁ ମୁଠେଇ ଧରିଥାଏ ହାତ,

ଏଠି ରକ୍ତ ଆଉ ଲୁହ ଦୁଇ ସଙ୍ଗାତ !

ନିସର୍ଗର ସମ୍ପର୍କରେ
ସେ ବାରମ୍ବାର ଚୁମୁଥାଏ ଆଖି
ଓଃ ସେ କେମିତି ଜାଣେ ଯେ'
ଦୁଆର ଖୋଲି ପଶି ଆସିବାକୁ ତୟାର ପବନରେ ବି
ପ୍ରେମର ଗନ୍ଧ ଥାଏ ?
ହୁଏତ ଆଉ କାହା ଦେହର ?

ମୁଁ ହୁଏତ ତା ତପସ୍ୟା ଆୟୁକାଳରେ
ଗୋଟେ ନର୍ତ୍ତକୀର ମୁଦ୍ରା
ଯାହା ମୁଦ୍ରାର ସ୍ପର୍ଦ୍ଧାରୁ ବି ଝରୁଥାଏ
ଅଳ୍ପ ଅଳ୍ପ ପ୍ରେମର ମହୁଲ ବାସ୍ନା

ଖୁବ ବେଶି ନୁହେଁ ମ
ଏତେ ଟିପେ ଓଠ ଦରକାର,

ଏଥର ମୁଁ ଦାଗେଇ ଯିବାକୁ ତୟାର
ଜାଣିନ;
କଳଙ୍କରେ ସୁନ୍ଦର ଦିଶେ
ଜହ୍ନ !

(ତୋ ଓଠର କଳଙ୍କକୁ ନେଇ)

ଅଗ୍ନି ସରସ୍ୱତୀ - ୭୩

ଗୋଟେ ତାରକସି କରା ମନନେଇ
ମୁଁ ଜଡ଼େଇ ଧରି ଥାଏ ଆକାଶକୁ
ଆଉ ପବନ ମୋତେ ପଚାରି ଚାଲିଥାଏ
ତା ଦେହର ଠିକଣା !

କ୍ଷତାକ୍ତ ହେବା ବି ଗୋଟେ ମଧୁର ଉତ୍ତେଜନା,
ଦାନ୍ତର ଦାଗରେ ଦାଗେଇ ଥିବା ବେକମୂଳ ବି
ମୁର୍କି ମୁର୍କି ହସେ,
ଯେତେବେଳେ ଅଲଜ୍ୟା ଖରାବେଳ ଝରକା ଦେଇ
ମୋତେ ଲୁଚି ଲୁଚି ଦେଖେ !

କେବଳ ତୋ ଦେହକୁ ଲାଗି ମୁଁ ଝରଣା
ଛଳଛଳ କଳକଳ
ବାକି ମୋ ଶବ୍ଦ କହିଲେ ମୁନିଆ ବର୍ଚ୍ଛା କି ଫାର୍ସା
ଅସମର୍ଥ ପାଦ ଦେଲେ କ୍ଷତାକ୍ତ ହେବାଟା ଥୟ !

ଝୁଣାଧୂପ ସୁଗନ୍ଧ ପରି ମୁଁ ପହଁରି ଯାଉଥାଏ
ତୋ ତାଳୁରୁ ନେଇ ତଳିପା,
ଆଉ ତୁ ଗୋଟେ ତୃଷାର୍ତ୍ତ ମାଛ
ପାଣିରେ ଘର କରି ଶୋଷରେ ଶୋଷରେ
ମରୁର ମରୁଦ୍ୱ କେତେଜଣ ଭୋଗି ଜାଣନ୍ତି କହ ?

ମୁଁ ଗିଲାସେ ଲାଭା ପରି ଫୁଟୁଥାଏ
ତୁ ଢକ ଢକ କରି ପି' ଦେଇ ଯା'

ନାଆଁକୁ ବଢେଇ ଦେ ନିଆଁ,

କୁହୁଳୁ ଥିବା ସବୁକିଛି
ହୁତୁହୁତୁ ହେଇ ଜଳୁ,

ଏ ଜ୍ୱଳନ ବି ମଧୁର ଲାଗିପାରେ!

ନିଆଁକୁ ଚାଖି ଜାଣୁ?
ଜିଭ ପୋଡ଼ି ଯିବାର ଭୟ ଅଛି
ସତ,
ତଥାପି ଆ'!
(ଜଳିଯିବାର ଏ ମାଧୁରୀ)

ଅଗ୍ନି ସରସ୍ୱତୀ - ୭୪

ମୁଁ କବିକୁ ପ୍ରେମରେ ହିଁ ମାରେ

ଆହାଃ
ମରି ପଡ଼ିଥିବା ତୋ ପ୍ରେମକୁ କୁଣ୍ଢେଇ
କାନ୍ଦିବି ବୋଇଲାରୁ କିଛି ମଲାଘାସର
ବିକଳ ଆତ୍ମା ମୋତେ କଇଲାଣ କଲେ !

ତୁ ଜାଣୁ ତୁ ଗଲା ଦିନରୁ
ଆକାଶ ବର୍ଷୁଛି ଏଯାକେ
ହେଲେ ମହାନଦୀ ମରି ପଡ଼ିଛି
ପାଣି ବଢୁନି ତା ଦିହରେ,

ଶୁଖିଲାରେ ମାଛକୁ ପହଁରିବା ଦେଖିଛୁ କବି ?
ଦେଖିନୁ ଯଦି ଆ'
ଦେଖି ଯା' ମୋ ଆଖି !!

ମୋ ଆଖିରେ ଏବେ ଏତେ ପାଣି ଯେ'
ତୁ ଆତ୍ମହତ୍ୟା କରିଦେଇ ପାରିବୁ

ଆଉ ତୋ ହତ୍ୟା ଷଡଯନ୍ତ୍ରରେ
ମୋର ଲାଜରେ ମରିଯିବାଟା ଥୟ !

ଆଜି ଦେଖୁଥିଲି ସନ୍ଧ୍ୟାରେ ଜହ୍ନକୁ
କାଲି କାଳେ ପୁନେଇଁ ଥିଲା
ତା ଶୁଖିଲା ମୁହଁ ଦେଖି ବିଶ୍ୱାସ ହେଲାନି ଜମା

ତା ଅଧାମଲା ହସରେ ମଲ୍ଲୀଫୁଲର ମହକ
ତା ଅଧାକୁହା କଥାରେ ବି ପ୍ରେମର ପାର୍ବଣ

ତୁ ଆମ ଭେଟଘାଟ କଥା କହୁଛୁ ?
ମହାମାରୀରେ ତୁ ବେଉସାକୁ ଉଜାଡ଼ି ଦେଇ
ପ୍ରେମିକ ହେଇ ପାରିବୁ ?

ମୋର ବିଶ୍ୱାସ ଅଛି ତୋ ନିରୀହ ଆଖି ଉପରେ
ହେଲେ ତୋ ଦଗାବାଜ୍ ଓଠ ?

କୋଉ ମହୁମାଛି ଠୁଁ କଣ କମ୍ କି ?
ସେ ପରା ଜାଣେ ଏ ସହରରେ କେତେ ଫୁଲ
ଆଉ କୋଉ ଫୁଲରେ କେତେ ମହୁ !

କବିକୁ ମାରିପକା ଏଥର
ପ୍ରେମରେ ଚୋଟମାର ସିଧା ତା ଛାତିକି
ମୁଁ ମୋ ଛାତି ଦେଖିଛି ନିରୋଳାରେ
ମହୁଫେଣାଟେ ତ,

ପ୍ରତିଟି କଣାରେ ଗୋଟେ ଗୋଟେ ତୋତ
ଏଠି ଅଳିନ୍ଦ ଆଉ ନିଳୟ ବୋଲି କିଛି ନାହିଁ

ଆଉ ଭାବପ୍ରବଣତା କହିଲେ ମୁଠାଏ ନିଃଶ୍ୱାସ !

ଦଗାବାଜ, ବେଇମାନ ପ୍ରେମିକ ମୋର
ତୁ କୋଉଠୁଁ ବୁଝିବୁ ଯେ'

ରକ୍ତହୀନତା ଖୁବ ଚଳେ ମୋ ଦେହରେ
ସାତ ପଏଣ୍ଟ ପାଞ୍ଚର ରକ୍ତ ପ୍ରବାହ ନେଇ
ମୁଁ ପ୍ରେମର ଏଭେରେଷ୍ଟରେ ଥାପି ଦେଇ ପାରେ ପାଦ

ହେଲେ ତୋ ଏତେଟିକେ ଅନ୍ୟମନସ୍କତା ଚଳେନାରେ
ଥରେ ଫୁରସତ୍‌ରେ ଆ'
ଦେଖିବୁ;

ତୋ ପ୍ରେମହୀନତା ଭୋଗୁଥିବା ମୋ ଦେହ କେମିତି
ରାତି ଅଧରେ କବିକୁ
ମୁଠାଏ କବିତା ପାଇଁ କାକୁତି ମିନତି କରୁଛି,
ମୁଁ ମିଛରେ କଣ ତୋ ନାଁ
ହୃଦୟହୀନ ଦେଇଛି !
(ମୁଁ କବିକୁ ପ୍ରେମରେ ହିଁ ମାରେ)

ଅଗ୍ନି ସରସ୍ୱତୀ - ୭୫

ଶୁଖିଲା ବାଲିରେ କୋଉ ଶୋଷ କି ଶୃଙ୍ଗାର
ଶୁଖିଲା ଥନରେ କୋଉ ଅମୃତ ନା ମମତ୍ୱ
ଶୁଖିଲା ଆଖିରେ କୋଉ ପାଣି ନା ପାର୍ବଣ !

କୋଉ ଗୋଟେ ଯୁଗ ତଳରେ କବି ପାଇଁ
ମଥାରେ ବାନ୍ଧିଥିଲି ମଲ୍ଲୀମାଳର ଗଭା

ସେ ଗଭାରେ କିଏ ଗୋଟେ ଛିଞ୍ଚି ଦେଲା
ମେଞ୍ଚାଏ ହଳାହଳ

ଦେଖୁନୁ ସେଇ ଦିନଠୁଁ ଜଳି ଯାଇଛି ମୋ ରୂପ,

ମୁଁ କାଳେ ଆଜି ବି ସୁନ୍ଦରୀ ଦିଶେ
କିଛି ପୁରୁଷର ଆଖିକୁ
ହେଲେ ଏ କଥାକୁ ଅସ୍ୱୀକାର କରେ
ମୋ ଘରର ଦର୍ପଣ,

ଭାରି ମୁହଁଖୋର ସେ
ଖର ଖର ଜିଭର ଦାଢରେ
ମୋ ଶିଙ୍ଗାରର ଶକ୍ତ ହାତକୁ ବି ଦିଗଡ଼ କରିଦିଏ

ଠୋ ଠୋ ହସରେ ଉପହାସ କରେ
ମୋ ଆଖିର କଜ୍ଜଳକୁ,
ଓଠର ଲିପଷ୍ଟିକକୁ,
ମଥାର ଚନ୍ଦ୍ରମା ଟିକିଲିକୁ,
କାନର ତାରକସୀ ଝୁମୁକାକୁ,
ହାତର ଜୟପୁରୀ କଙ୍କଣକୁ,
ବେକର ମୟୂରୀକଣ୍ଠୀ ହାରକୁ,
ପାଦର ନୂପୁରକୁ,

ଏପରି କି ମୋ ଦୁଇସ୍ତନର ବର୍ତ୍ତୁଳତାକୁ
ତତ୍ ମଝିର ନାଳିଜାଇ ମନ୍ଦାକକୁ !

ମୋ ଆଖିକୁ ଲୁହର ଉପହାର ଦେଇ
କୁହେ;
ଏତେକ ଦୟା କରି ଦେଲି
ଯା' ଲୋ ନିର୍ଲଜ୍ଜି ଆଉଥରେ ପ୍ରେମରେ ପଡ଼ିବୁ ଯା '

ସାହସ ଅଛି ତ ଡେଇଁପଡ଼
ପ୍ରେମର ଡହଡହ ତାତିକୁ
ଏଥର ସମ୍ପୂର୍ଣ୍ଣ ଜଳି ପୋଡ଼ି ମରିଯା'

ଅସହ୍ୟ ହୁଏ ତା ଉପହାସ
ମୁଁ ଲୁହକୁ ସାହସ କରି ଡେଇଁପଡ଼େ
ପ୍ରେମର ନିଆଁରେ

ବନାଗ୍ନି ପରି ଚରି ଯାଉଥାଏ ପ୍ରେମ
ରକ୍ତରେ,
ମାଂସରେ,
ହାଡରେ,

ଦେହରେ,
ଦାହରେ,
ଓଠରେ,
ଭୋକରେ,
ଖାଣ୍ଡବ ବନର ଦହନ ଏଥର ଶେଷ
ରାତି ବି ଏଥର ପାହାନ୍ତାରେ,

ମୁଁ
ନିରସ୍ତ୍ର,
ବିବସ୍ତ୍ର,
ଅବଶ,

ଝରି ପଡୁଥାଏ ଶେଷରେ
ଠିକ ଜଳି ସାରି ଥିବା ସିଗାରେଟ୍‌ରେ
ଶେଷ ପାଉଁଶ ପରି !

ଦୂରରୁ ଶୁଭୁଥାଏ ଗୀତଟେ

ଶୁଖିଲା ବାଲିରେ କୋଉ ଶୋଷ କି ଶୃଙ୍ଗାର
ଶୁଖିଲା ଥନରେ କୋଉ ଅମୃତ ନା ମମତ୍ୱ
ଶୁଖିଲା ଆଖିରେ କୋଉ ପାଣି ନା ପାର୍ବଣ !
(ପ୍ରେମତୃଷ୍ଣା)

ଅଗ୍ନି ସରସ୍ୱତୀ - ୭୬

କବି !
କେବେ ମୋ ଗରମ ନିଃଶ୍ୱାସରେ
ଝାଳ ହେଇ ବ୍ୟାକଲେସ୍ ବ୍ଲାଉଜ୍‌ରୁ ଫିଟି
ତଳକୁ ବୋହିଛୁ ?
କେବେ ପାହାନ୍ତିଆରେ ଜହ୍ନ ହେଇ
ତା ବିଛଣାରେ ଉଦୟ ହେଉଛୁ ?
ସେଦିନ;
କାଜିରଙ୍ଗାର ନିଦ ମଳମଳ ଆଖିରେ
ସେ ମୋତେ ନୀଳକଇଁ କରି ଫୁଟାଇ ରଖିଥିଲା
ସାରା ରାତି, ନିଜେ ଜହ୍ନ ହେଇ ଦୂରରେ।

କୋଠରୀ ବାହାରେ ବିହୁର ତାଳେ ତାଳେ
ଅଣ୍ଟା ହଲେଇ ନାଚୁଥାଏ କିଶୋରୀ
ଆଉ ସେ ମୋ ଅଣ୍ଟାବିଛାର ନାହୁଡ଼ ଆଘାତରେ
ବିଷ ଜର୍ଜର ସାରାରାତି।

ରାତିର ନିଶା ସହ ମିଶେ
ମିଳନ ପିପାସୁ ବାଘୁଣୀର ହେଣ୍ଟାଳ
ବାଘର ଉଦ୍ଦୀପ୍ତ ଆଖି ତଳେ କାମନାର ରକ୍ତାକ୍ତ ଚାହାଣୀ
ରମଣଲିପ୍ତ ଗଣ୍ଡା ଦୁଇଟିର ନିରୀହ କାମନା
ଦୂରରୁ ଶୁଭୁଥାଏ, ଘଣ୍ଟାରେ ଢନ୍ ଢ଼ନ୍ କରି ଚାରିଟା ।

ସେ ମୋତେ ନିଦଭରା ଆଖିରେ ଚାହେଁ
ଆଉ ମୋର ଦୁଇ ବର୍ତ୍ତୁଳସ୍ତନକୁ
ଉଡ଼େଇ ଦିଏ
ଚଢେଇ କରି ଆକାଶରେ ।

ଏଥର ଜନ୍ମ ହେବାର ପାଳି ମୋର
ଅସଞ୍ଜତ ବିଛଣାରେ ବିବସ୍ତ୍ର ଜନ୍ମର ଦେହ,

ଠିକ୍ ଭୋର ପାଞ୍ଚଟାରେ ସୂର୍ଯ୍ୟ ଉଠେ
ଆକାଶରେ ଚଢେଇ ଦୁଇଟା ତଥାପି ଉଡୁଥାନ୍ତି ।
(ସକାଳ ଆକାଶରେ ଦୁଇଟି ଚଢେଇ)

ଅଗ୍ନି ସରସ୍ୱତୀ - ୭୭

ତୁ ହଲେ ଶାଣିତ ଡେଣା ନେଇ
ମେଘପକ୍ଷୀର ଗୀତ ବୋଲି ପାରିବୁ ?

ମୋତେ ଆସେ ସେ ଗୀତର କେଇ ଧାଡ଼ି
ଥରେ ମୋ କୋଳରେ ମୁଣ୍ଡ ରଖି ଗୁଣୁ ଗୁଣେଇବୁ ଆ'

ଝରକା ସେ କଡେ ବହଳ ଅନ୍ଧାର
ଆଉ ତୋ ଠୁଁ ମୋର ଦୂରତା
ମାତ୍ର ଦୀପେ ଆଲୁଅ,

ମୋର ଦୀପଟେ ହେବାର ନଥିଲା କେବେ
ତଥାପି ଅନେକ ପତଙ୍ଗା ର ମୃତ୍ୟୁ ପାଇଁ
ମୋତେ ଦାୟୀ କରିନ୍ତି ଅନେକ,

ଆବେଗ ଛଳଛଳ ନୁହେଁ ମୋ ଶବ୍ଦ
ମୋ ଶୃଙ୍ଗାରୀୟ ଧାଡ଼ିରେ ଯେ' ଆତ୍ମହତ୍ୟାର
ରକ୍ତ ଲେପିଲା ତା ପାଇଁ ମୋ ପାଦରେ ଅଳତା ଦାୟ
କେବଳ ସେମାନଙ୍କ ଇଙ୍ଗିତରେ,

ତୁ କେବଳ ମୋର ବୋଲି
କହି ପାରିବି ?

ଏତକ ମୋ ନାଭିମଣ୍ଡଳର ଗୋଟେ ଛୋଟିଆ
ଲାଲ୍ ଦାଗ ପରି ଅପହଞ୍ଚ,

ଦେଖିଥିବୁ ତୁ ସେଦିନ
ମରଣ ବେଳାରେ ତୋ କୋଳରେ
ଯେତେବେଳ ଆଉଥରେ ଆରୋହଣ ଉଷ୍ମତାରେ
ତୁ ଅବରୋହଣର ସିତ୍କାର ଶୁଣୁଥିଲୁ,

ସେଇ ଧାଡ଼ିକ ହିଁ ତ ମେଘପକ୍ଷୀର ଗୀତ
ତୁ ଶୁଣିବୁ ବୋଲି ଲୁଚେଇ ରଖିଥିଲି
ଦେହରେ !

ବାକି ତୁ କେବେ ଥରେ ଜଳିଛୁ ଜାଣୁ
ଏକୁଟିଆ ଦୀପ ପରି
ମୋର ସ୍ତନ ମଝି ବହଳ ଅନ୍ଧାରରେ ?

ସେ ଅନ୍ଧାର ତୋର ଆଜି ଆଉ ମନେ ନାହିଁ !
(ମେଘପକ୍ଷୀର ଗୀତ)

ଅଗ୍ନି ସରସ୍ୱତୀ - ୭୮

ମୁଁ ବିକଳ ହେଇ ଖୋଜି ଚାଲିଥାଏ
ତୋର ନିଶ୍ୱାସର ତାତିଲା ପବନ
ମୋ ଫୁଙ୍ଗୁଳା ପିଠି ଉପରେ !

ଆଉ ତୁ ତୋ ବୈରାଗ୍ୟ ନେଇ
ଅନ୍ୟମନସ୍କ ଥାଉ ରୋଗ ଆଉ ଦୁଃଖର
ଠିକ୍ ସମାନ୍ତରାଳ ଜେବ୍ରା କ୍ରସିଂଗରେ,

ତୋ ହାତର ଧୂଆଁରେ ମୁଁ ଅଶରୀରିଟେ
ତୋ ଈଷତ୍ ଖଇରିଆ ରଙ୍ଗର ଆଖିର ମାୟାମଞ୍ଚରେ
ଗାଇଡ୍‌ର ୱାହିଦାରେହେମାନର ଅଭିଳାଷ,

ନାୟିକାର ଶୋଷ ପଢିଛୁ କେବେ ?
ନା କେବଳ ତା ସ୍ତନର ବର୍ତ୍ତୁଳତାରେ
ତା ନିତମ୍ବର ଆକାରରେ ତା ଦେହମଗ୍ନା
ରତୁଟେ ହୋଇ ରହିଗଲୁ, କହ !

କେବେ ତୋ ଆହ୍ୱାନରେ ମୁଁ
ରକ୍ତ ମହ୍ଲାର ନେଇ ରକ୍ତାମ୍ବରୀ ହେଇଛି

ଦେଖିଛୁ ସେତେବେଳେ ମୋ ଆଖି
ପଳାଶର ମାଧୁର୍ଯ୍ୟ ବି ଉପହାସ୍ୟ,

ତୋ ଝଡ଼ରେ ଋତୁରମ୍ଭା ହେବା
ତୋ ଅଗ୍ନିରେ ଅଗ୍ନିବର୍ଣ୍ଣା ହେବା
ତୋ ରକ୍ତରେ ଆସନ୍ନପ୍ରସବା ହେବା
କେବଳ ମୋରି କପାଳ!

ପ୍ରେମ ଏ ସଂସାରର
ସର୍ବୋତ୍ତମ ଶକ୍ତି, ମାୟା ଆଉ ଅସହାୟତା,
ତୋ କୋଳରେ ଥାଇ ଅନ୍ଧ ନିଦ୍ରାର ସମ୍ମୋହନରେ
ବେଳେବେଳେ ଭାବେ,

ପ୍ରେମର ପରାକାଷ୍ଠା ନେଇ ସହସ୍ର ଯୋଜନ ସାଗର
ଆଖି ପଲକରେ ଡେଇଁବା ଯିବା କିବା କଥା କହ!
(ତୋ ନିଆଁରେ ରକ୍ତାମ୍ବରା ପ୍ରେମ)

ଅଗ୍ନି ସରସ୍ୱତୀ - ୭୯

ଜରର ପ୍ରଭାବରେ ବଥା ଚୁଡ଼ୁଥାଏ ଶିଡ଼ିର ପାହାଚ
ମୋ ଦେହକୋଷର ପ୍ରତିଟି କଣିକାକୁ
ହାତୁଡ଼ି ପ୍ରହାରରେ ଚୁରମାର କରେ !

୧୦୨ ଜର ଭୋଗୁଥିବା ଜରକୁ ମୁଁ ପଚାରେ
ଏ ପ୍ରହାର ହାତୁଡ଼ିର ନା ନିହଣର ?
ତୁ କଣ ମୋତେ ଭାଙ୍ଗିଭୁଙ୍ଗି ଆଉଥରେ ଗଢ଼ିବାର ପଣ
କରିଛୁ ?
ମୋ ଆକାଶବ୍ୟାପୀ କଷ୍ଟ
ମୋର ସମୁଦ୍ରେ ପ୍ରମାଣେ ବଥା
କେତେ ସହିବ କ୍ଷଣଭଙ୍ଗୁର ଶରୀର ?

ସେ ମୁର୍କି ହସେ
ତା ହସରେ ଭି ଡହଡହ ତାତି
ମୋ ଆଖିସାରା ଅଙ୍ଗାର
ହାତସାରା ନିଆଁ ଆଉ ଦେହସାରା
ତା ଚୁମ୍ବନର ଉଷ୍ମତା !

ମୁଁ ଗୋଟେ ଦେହ ନୁହେଁତ
ମୁଁ ସତେ ଯେମିତି ଆଉଟା ସୁନାର ମୂର୍ତ୍ତି
ସେ ମୋ ଉପରେ ତରଳ ସ୍ୱର୍ଣ୍ଣ ଢାଳୁଢାଳୁ

ମୁଁ ଚିତ୍କାର କରେ !

ରହିଯା ଶିଳ୍ପୀ
ହାତଥୟ କର

ମୋତେ ସୁବର୍ଣ୍ଣରେ ତିଆରିବା ଆଗରୁ ଥରେ ଭାବ

ଧାତୁର ନଥାଏ ଧର୍ମ
ଧାତୁର ନଥାଏ କର୍ମ
ଧାତୁର ନଥାଏ ଭାବପ୍ରବଣତା ଏତେ ଟିକେ ବି

ଜର ମୁର୍କି ହସେ
ତା ପରେ ଆରମ୍ଭ କରେ ରୁଦ୍ର ତାଣ୍ଡବ
ମୋ ଦେହ କେବଳ ଦେହହୋଇ ପଡ଼ିରୁହେ
ସହି ଚାଲିଥାଏ ତାର ଅତ୍ୟାଚାର

ବେଳେବେଳେ ଭାବେ
ଜରର ଉପଦ୍ରବ ଏତେ ମଧୁର ହୋଇ ପାରେ
ସତେ !
(ଜରର କବିତା – ୧)

ଅଗ୍ନି ସରସ୍ୱତୀ - ୮୦

ଜର ହିଁ କୁହେ;
ଏଥର ଆସ ଏକାତ୍ମ ହୋଇ ଲଢ଼ିବା ଭିତର ଶତ୍ରୁ ସହ
ମୁଁ ତାକୁ ନତମସ୍ତକେ ସ୍ୱାଗତ କରେ !

ମୁଁ ଜାଣେ ଏ ଜର ବେଳର କବିତା ସବୁ
ଖୁବ୍ ମାରାତ୍ମକ,
ଠିକ୍ ଦେଖି ହେଉନଥିବା ଗୋଟେ ଅଜଣା ଭାଇରସ୍
ମୋତେ ହୁଏତ ଟାଣିନେଇ ଆଉପାଦେ ମୃତ୍ୟୁ ଆଡକୁ
ହେଲେ ମୁଁ ପ୍ରସ୍ତୁତ ଥାଏ

ପ୍ରେମର ଆଣ୍ଟିବାୟୋଟିକ ଧରି !

ଏ ଜରବେଳ ଉତ୍ତପ୍ତ ମୁହୂର୍ତ୍ତମାନେ
ଡହଡହ ତାତିର ଆତ୍ମୀୟତା ନେଇ
ଛୁଇଁ ଦେଉଥାନ୍ତି
ମଥା, ଆଖି, ଓଠ, ଗାଲ, କାନମୁଣ୍ଡା

ଏଥର ଆଉଟିକେ ତଳକୁ ଓହ୍ଲାଏ ଜର
ମୋ ସ୍ତନକୁ ଛୁଏଁ ତା ଗରମ ଓଠରେ
ଆଉ ମୋ ପାଦ ପ୍ରସାରିତ ହୁଏ
ଏଥର,

ସେ ବାରମ୍ବାର ଚୁମୁଥାଏ ମୋର ନାଭି ଆଉ ନାଭିତଳ
କିଛି ଉଷ୍ମ ଚିତ୍କାରରେ ମୁଁ ଜଡ଼ସଡ଼ !

ଏ ଛତରା ଜର ଜାଣେ
ମୋତେ କେତେ ଆଉ କେମିତି କଲବଲ କଲେ
ମୁଁ ନୁଆଁଇ ନେବି ମଥା
ସମର୍ପଣର ମୁଦ୍ରାରେ
ଡେଇଁ ପଡ଼ିବି;
ତା ଉତ୍ତପ୍ତ, କୋମଳ ଆଉ ଅମନଯୋଗି
ବାହୁବନ୍ଧନକୁ !

ଏ ଜର ହିଁ ଜାଣେ
ମୁଁ ବାରମ୍ବାର ମନାକଲେ ବି
କେବଳ ତାକୁ ଥରେ ଭେଟିବାକୁ
ବର୍ଷାକୁ ଡାକିଆଣେ,
ଆଉ ଶୀତରେ ମେଲିଦିଏ ନିଜକୁ,

ଏ ଜର ଜାଣେ
କେମିତି, କୋଉଠି ଆଘାତ କଲେ
ସେ ପଶି ଆସିବ ମୋ ଦେହର ଦେହଳୀକୁ
ସାରାରାତି କଲବଲ କରିବ
ତା ଉତ୍ତପ୍ତ ଆଲିଙ୍ଗନରେ
ସାରା ଦିନ ଅଥୟ କରିବ
ତା ଡହଡହ ଚୁମ୍ବାର ତାତିରେ !

ଆହାଃ ଏ ଜର ବାରମ୍ବାର
ଚଢେ ଆଉ ଓହ୍ଲାଏ
ପାଦରୁ ମଥା ଆଉ ମଥାରୁ ପାଦର ଦୂରତା
କେବଳ ତାକୁ ଜଣା,

କେବଳ ଜର ଓ ମୋ ପ୍ରେମିକ ଯାଣନ୍ତି
ମୋ ଦେହର ପ୍ରତିଟି ଗଳିର ଠିକଣା !

ତୁମେ ପଚାରି ପାର ଏ ଉତ୍ତପ୍ତ ହାତ କାହାର ?

ପାରଦ ଉପରେ ନୃତ୍ୟରତ ବେଇମାନ ଜରର
ନା ...
ଈସ୍ ସତ କହିବାକୁ ଲାଜ ଲାଗିବନି ।
(ଜରର କବିତା – ୨)

ଅଗ୍ନି ସରସ୍ୱତୀ - ୮୧

ଏଥର ତୋର ହୋଇ ବଞ୍ଚିବାର ବେଳ,
ତୁ ଚନ୍ଦ୍ରମାର ଦେହ ଦେଖିଛୁ ?
କେତେ ପୀଡ଼ାର କୁତ୍ସାଣର ଚିହ୍ନ !

ତୁ ଆମ୍ରପାଲ୍ଲୀର କାହାଣୀ ପଢିଛୁ ?
ସୌନ୍ଦର୍ଯ୍ୟର ଅପରାଧରେ
ଗଣଭୋଗ୍ୟା ହେବାର ଦାୟ !

କାଲି ସମଗ୍ର ବୈଶାଳୀ ତା ଅପରାଧୀ ଥିଲା
ଆଉ ଜହ୍ନର ଅପରାଧ,
ତା ଅସମାପ୍ତ, ଅପହଞ୍ଚ, ଅଥଚ
କଳଙ୍କିତ ସୌନ୍ଦର୍ଯ୍ୟ,

ମୁଁ ତୋର ହେବାର ଅପରାଧରେ ଦୋଷୀ
ମୁଁ ତୋତେ ପ୍ରେମ କରିବାର ଅପରାଧରେ
ତୁଠ ପଥର,
ଗୋଡ ଘଷିଦେବାର ଲୋକର ଅଭାବ ନଥାଏରେ
ଗୋଟେ ଆତ୍ମହତ୍ୟା ହିଁ ନାରୀର ନିୟତିରେ ଅବଶିଷ୍ଟ,

ହେଲେ ଦେଖ ମୋତେ ବାସ୍ ନିର୍ଲଜ ଭାବରେ
ବଞ୍ଚିଆସେ ଜୀବନ

ସବୁ ସମାଜିକତାକୁ ପଛ କରି
ତୋ ପ୍ରେମରେ ପ୍ରମତ୍ତ ରହିଆସେ

ଗୋଟେ ସକାଳ ପାଇଁ
ସଂଘର୍ଷ କରିଆସେ ରାତିସହ
ସମଗ୍ର ସମାଜ ବିରୁଦ୍ଧରେ କରି ପାରେ ଯୁଦ୍ଧ ଘୋଷଣା
କେବଳ ଗୋଟେ ଆସନ୍ତା କାଲିର
ଭବିଷ୍ୟତ ପାଇଁ,

ଏଥର ତୋ ଥିବା ନଥିବାଟା ତୋର

ମୋତେ କିନ୍ତୁ ବସି ରହିବାକୁ ହେବ
ନିଜର ଦାବୀ ନେଇ ଦୃଢ ଭାବରେ

ବ୍ୟସ୍ତହ'ନା;
ମୁଁ ସମାନ୍ତରାଳରେ ପାରି ହୋଇ ଜାଣେ
ତୋର ହେବା ଆଉ ମୁଣ୍ଡ ଟେକି ଚାଲିବା !
(ପ୍ରେମରେ ବାକିରହୁ ଆଉ ଏକ ଜୀବନ)

ଅଗ୍ନି ସରସ୍ୱତୀ - ୮୨

ଏ ଜରର କବିତା ମାନେ ଖୁବ ଅଶ୍ଳୀଳ !

ମୁଁ ଠିକ ପଢିପାରେ ତୋ ଆଖି
ତୋ ଓଠରୁ ନେଇ ପାଦ ଯାକେ
ଆବେଦନର ଶେଷ ତାରିଖର ଅଥୟପଣ,

ତୁ କହିପାରୁନା ଯାହା, ଅବଶିଷ୍ଟ
ଆଉ ମୁଁ ଯାହା ଭୋଗି ପାରେନା ସେତକ କବିତା,

ଆମେ ଏକାଠି ଥିବାତକ
ବାହାରେ ଜଗିଥାଏ ଜର
ଯେ ଶିହରଣରେ ଚଢେ'ତ
କେବେ କମ୍ପ ହେଇ ଓହ୍ଲାଇ ଯାଏ ଦେହରୁ

ତୁ ଜାଣୁ ପ୍ରିୟ,
ଏ ଜରର ଦିନମାନଙ୍କୁ ଭୋଗିବାର ଇଛାରେ
ମୁଁ ପଥିରେ ହାତ ଦିଏନା
ନିର୍ଦ୍ଧୁମ ଶୀତତଳ ବାହାରେ ବସେ
ବର୍ଷଣ୍ରେ ବିଛେଇ ଦିଏ ଦେହ,

ତଥାପି ନିର୍ଲଜ ଜର ଅଗ୍ରାଧିକାରରେ
ମିଳେ ଆଉ କାହାକୁ,
ଯାହାକୁ ମାଗିଯିବାକୁ ଲାଜ ମାଡ଼ିବନି

ତାତି ଆଉ ରାତି ମାଗିଯିବା କଣ କମ୍ କଥା କି !

'ଇ' କାର ଦେହରେ ଲାଜକୁ ଆଭୁଷଣ କର
ତେଣେ ଝଡ଼ ଆସୁ କି ଆସୁ ଫଗୁଣ
ମୋ ଯାଏ ଆସେରେ ମୋ ନିବୁଜ ଓଠ,

ଓଠ ଖୋଲିଯିବାକୁ ଦରକାର ହୁଏ ଓଠ
ଏଇ ଓଠ ଜାଣେ ଯେ'
ସ୍ୱାଦର ଅଦଳବଦଳ ପାଇଁ ଦରକାର
ଆଉ ଗୋଟେ ଓଠ,

ଏ ତାତିର କବିତାର ଦାୟ ତୁ ଜାଣୁ ?
ମୁଁ ଜାଣେ ଏ ଜରର କବିତାର ଭାଗ୍ୟ,
ଆଞ୍ଜୁଳେ ଝଡ, ଇର୍ଷାରେ ପୋଡ଼ି ଯାଉଥିବା କିଛି ମନ,

ତା ପରେ ବି ଏ କବିତା ଲେଖିବାକୁ ମୁଁ ବାଧ୍ୟ
ଜରର ଭାଗଫଳରେ ତୁ ଥାଆ
ମୁଁ ରହୁଛି ଭାଗଶେଷରେ

ଲୋକ ପଢନ୍ତୁ, ନବୁଝନ୍ତୁ
ଏଇଟା ମାନସାଙ୍କ ନୁହେଁ ଯେ'
ଚାବି ଘୁରିଲେ କବାଟ ଖୋଲିଯିବ
ଆଉ ଜର ଜଡ଼ସଡ଼ ଦେହରେ
ସାମାଜିକତାର ଆକଟରେ ବାହାରି ଯିବ ଦୁଆର ଖୋଲି,

ଭୋଗି ପାରିବୁ ତ ଆ' !

କାହିଁକି ନା କେବଳ ମୁଁ ଜାଣେ
ଜରର କବିତା ମାନେ ଅଶ୍ଳୀଳ ହେବାକୁ ବାଧ୍ୟ !
(୧୦୩ ର କବିତା)

ଅଗ୍ନି ସରସ୍ୱତୀ - ୮୩

ଅନେକ ମାୟାରେ ଗଢା ମୋ ଆଖି

"ଏ ଆଖି ଯୋଡ଼ିକ କଳାଜହ୍ନ
ମୋର ଏ ଆଖିର ମାୟାରେ ପଡ଼ିବାର ନାହିଁ"

ସ୍ରୋତର ବିପରୀତରେ ପହଁରୁଥିବା ମାଛ ମୁଁ
ମୋର ଆଉ ପ୍ରଜନନ କରିବାର ନାହିଁ
ମୋର ନାହିଁ ମାୟା ଫେରି ଯିବାକୁ ଦଳ ସହ
ଏଥର ମୋତେ କିଏ ଖାଇଗଲେ ବି ଚଳିବ !

"ଏ ଆଖି ଯୋଡ଼ିକ କଳାଜହ୍ନ
ମୋର ଏ ଆଖିର ମାୟାରେ ପଡ଼ିବାର ନାହିଁ"
ମୋତେ ଏତକ ଯିଏ କହିଲା, ସେ ତୁହେ
ଏ ନଦୀ ଠୁଁ ଦୂରରେ, ଗଭୀର ଜଳରେ
ଆଉ ସେଇ ଦିନଠୁଁ ମୁଁ ଗୋଟେ କୋମଳ ସୂର୍ଯ୍ୟୋଦୟ,

ଯେ ଆକାଶ ଦେଖେନି, ଦେଖେନି କେମିତି ସିନ୍ଦୁରା ଫାଟେ
ଆଉ କେମିତି ଆକାଶର ପେଟ ଚିରି ସୂର୍ଯ୍ୟ ଡେଇଁପଡ଼େ ତଳକୁ !

ମୋ ଓଠ କାଳେ ଆମନ୍ତ୍ରଣ ଜାଣେ
ଆଉ ମୋ କେଶ ସାରା ମେଘ,
ସେ ମୋତେ ଏପର୍ଯ୍ୟନ୍ତ ସମ୍ପୂର୍ଣ୍ଣ ଦେଖିନି,

ଦେଖିନି କେମିତି ଦିଶେ ଲୁଗା ନଥିବା ମୋ ଦେହ
କେମିତି ମୁଁ ସମ୍ପୂର୍ଣ୍ଣ ଅଚେତନ ଥାଏ
ତା ସହ ମୋ ମରଣ କାଳରେ,

ସେ ଅନେକ କଥା ଜାଣେନି,
ତା' ସ୍ତ୍ରୀ ପ୍ରେମକଲା ବେଳେ ଓଠ ଚୁମେନି
ଆଉ ଦେହସାରା ଛୁଆଁଇ ଦିଏନି ହାତ,

ସେ ମୋତେ ପଚାରେ ଯେ'
ମୁଁ କଣ ଗୋଟେ ଜହ୍ନରାତି କି ?
ଯେ ଅଜାଡ଼ି ହୋଇ ପଡ଼ିଲେ
ତା ଆଖିରୁ ନିଦ ହଜେ ?

ମୁଁ କଣ ଗୋଟେ ମାଛକାତି କି ?
ଯେ ଛୁଇଁଦେଲେ ତା ଦେହ
ଆଇଁଷ ଆଇଁଷ ବାସେ ?

ମୁଁ ତା ଅନେକ କଥାର ଉତ୍ତର ଦିଏନି
ତା ହାତକୁ 'ମୋତେ ଛୁଉଁ' ଖେଳରେ ଅଟକାଏନି
ସେ ତା ଓଠ ମୋ ଓଠ ଥୋଇଲେ ମୁଁ
ତା ଉନ୍ମାଦନାକୁ ଅପେକ୍ଷା କରେନି,
ସେ କହେ ଆଉ ବାରମ୍ବାର କହେ

" ଏ ଆଖି ଯୋଡ଼ିକ କଳାଜହ୍ନ
ମୋର ଏ ଆଖିର ମାୟାରେ ପଡ଼ିବାର ନାହିଁ" !!
(ଅନେକ ମାୟାରେ ଗଢା ମୋ ଆଖି)

ଅଗ୍ନି ସରସ୍ୱତୀ - ୮୪

ତୋ ସ୍ମୃତି ସହ ସେ ସହବାସର ବେଳା ଆଉ ନାହିଁ
ଆଉ ନାହିଁ ବି ସେ ଅପବିତ୍ର ହେଇଯିବାର ମୋହ
ଆଉ ନାହିଁ ମୋ ରକ୍ତରୁ ଆଉଥରେ ତୋତେ ଗଢିବାର
ଆଉ ନାହିଁ ସେ ବେଳା ଋତୁସ୍ନାନରେ ତୋତେ ଗର୍ଭରୁ ବୁହାଇ ଦେବାର,

ପ୍ରିୟତମ ମୋର, ମୁଁ ତୋତେ ଖୁବ ଭଲପାଏ
ଏତକ କହୁ କହୁ ହିଁ ବେଳ ଅଣ୍ଟିନି
ଆଖିରେ ନାଇ ପାରିନି କଜ୍ଜଳ !

ତୁ ଫେରିଗଲା ପରେ ବି ଏତେ କୋଳାହଳ ?

ବିଶ୍ୱାସ କର ଯେ' ମୋତେ ନେଇ ତୋର ଯେତେ ଜଞ୍ଜାଳ
ମୋର ବି ସେତିକି ଅବସୋସ,
କାଲି ଯିଏ ମୋତେ ପ୍ରେମ କରୁଛି ବୋଲି କହିଲା
ସେ ଜଣକ ତୁ ନୁହେଁ ଆଉ କିଏ ଜଣେ !

ମୋତେ କବିତା ଲେଖି ଆସେ ବୋଲି କ'ଣ
ତୁ କେବଳ ଗୋଟେ ଗୋଟେ ଆକାଶ ଯାଚିବୁ କି ?

ଜାଣିଛୁ ମୁଁ ଆଜି ବି ବାରମ୍ବାର ଶୁଣେ ତୋ ତିରସ୍କାର
ତୁ ନଥିବାର କଥା ଯୋଉ ଗର୍ବରେ ତୁ କହୁ
ମୁଁ ଦିନେ ସେଇ ଅହଂକାରରେ ତୋତେ ପ୍ରେମ କରୁଥିଲି

ହେଲେ ଆଜି ତୋର ଥିବା ଆଉ ନଥିବା ଏକା ପରି,
ବିଶ୍ୱାସ କର,

ଏଥର ମୋ ସହବାସର ଋତୁ ଏ
ଜାଣୁ କି ମୁଁ ସୂର୍ଯ୍ୟ ହୋଇ ନିଜ ଲଜ୍ଜାକୁ ଦିନେ ପୋଡ଼ି ଖାଇଗଲି
ଆଉ ତା'ପରଠୁଁ ମୁଁ କେବଳ ଗୋଟେ ମନ,
ଯାହାକୁ ମୁଁ ଦେଇ ଦେଇପାରେ କାହାକୁ
ବେଳ ଅବେଳରେ ଗୋଟେଇ ଆଣିପାରେ ତୋ ପୂର୍ବ ସ୍ମୃତିର
ଅଳିଆଗଦାରୁ !

ଛାଡ଼ ଏତେ କଥା ତୁ ଜାଣୁନା ହେଲେ
ମୁଁ ଜାଣେ ଯେ'
ପ୍ରେମ ହେବା ଆଉ ସରିଯିବା ଗୋଟେ ବଡ଼କଥା ନୁହେଁ ମ
ବଡ କଥା ହେଲା ପ୍ରେମତକ ସାରିଦେଲା ପରେ ବି
ଆଉ ଥରେ ନୂଆକରି ନିଜକୁ ନିଜ ଦେହରୁ ଜନ୍ମ ଦେବା
ଦେଖି ପାରିବୁ ତ ଆସି ଦେଖ
ମୁଁ କେମିତି ନୂଆକରି ଜନ୍ମୁଛି, ନିଜକୁ ଜନ୍ମାଉଛି ନିଜ ଦେହରୁ !
(ଫିନିକ୍ସ – ୧)

ଅଗ୍ନି ସରସ୍ୱତୀ - ୮୪

ମୁଁ ଶେଷ ନୁହେଁ
ଆରମ୍ଭ ବି ନୁହେଁ,

ମୁଁ ମାଟିରୁ ଉତୁରି
କେବଳ ମାଟିର କାବ୍ୟାଂଶ

ମୁଁ ଆକାଶର ବ୍ୟାପ୍ତି
ଆଉ ଫୁଲର କୋମଳ ଅଙ୍ଗୀକାର

ମୁଁ ଇନ୍ଦ୍ରଧନୁର ରଙ୍ଗ
ଆଉ ପ୍ରେମପକ୍ଷୀର ଗୀତ

ମୁଁ ଆଉଟା ଲୁହାର ଦ୍ରାଘିମା
ଆଉ ସେଇ ଅଗ୍ନି ଯେ ପାଣି ପରି ଶୀତଳ

ମୁଁ ଗୋଟେ ଆଖି
ଆଉ କର୍ତ୍ତବ୍ୟର କଳା

ମୁଁ ସଂସ୍କୃତି ବି
ଆଉ ମୋ ବୋଉର ଛାୟାକଳ୍ପ

ମୁଁ ପ୍ରେମ ବି ପ୍ରକୃତି ବି

ମୁଁ ତା ଦେହର ସ୍ୱେଦ ବି
ତା ଓଠର ସ୍ୱାଦ ବି

ମୁଁ ଈଶ୍ୱରର ପ୍ରତିପକ୍ଷ
ମୁଁ ପୁଣି ନାଭିରୁ ଅନ୍ତରୀକ୍ଷ

ମୁଁ ସେଇ ହିରଣ୍ୟଗର୍ଭା ଋତୁ
ମୁଁ ସେଇ ବୈଶ୍ୱାନରର ଅଗ୍ନି

ମୁଁ ଭୈମା, ମୁଁ ଆଦିରୂପ
ମୁଁ ହିଁ ପରିବ୍ୟାପ୍ତି

ଆଉ;

ମୁଁ ପ୍ରଳୟଙ୍କରୀ
ସର୍ବଶେଷ, ଶେଷ !

ମୁଁ ପୁଣି ନୂତନ କୋମଳ ଶିଶୁ
ଆରମ୍ଭ !
(ଫିନିକ୍ସ – ୨)

ଅଗ୍ନି ସରସ୍ୱତୀ - ୮୬

ଏଇ !
ଗଙ୍ଗାରେ ଭାସି ଯାଉଛି
କଳସ,ଫୁଲ ଆଉ ପାଉଁଶ,

ଏବେ ତ ତେବେ ଆଉ ପ୍ରେମ ନଥିବ ?
ଜାଣ କି ?
ବାଘୁଣୀର ଦରକାର ପଡେନି ସ୍ୱାଧିକାର,
ସେ ଛାପ ଦିଏନି ମ,
କେବଳ ହେଣ୍ଟାଳଟେ ଯଥେଷ୍ଟ
ସମ୍ପୂର୍ଣ୍ଣ ଜଙ୍ଗଲର ଅଧିକାର ପାଇଁ !
ବୁଝ,

ଅଶ୍ୱମେଧ ଘାଟର ସେ ଅଙ୍ଗାରତକ
ନିଶ୍ୱାସ ନିଏନି,
ତଥାପି ଥରେ ଶୁଣ ତା କଥା,
କାନ ଡେର,

ଶୁଣ ତା ପାଉଁଜିର ଝମଝମ
ତା ଅକପଟ ହସ
ତା କାନ୍ଦର ଆଶାବରୀ ଶୁଣ
ତା' ଅନର୍ଗଳ କଥା

ତା ଲୁହର ସ୍ୱାଦ ଏବେ ବି ଲୁଣିଆ
ତା ହସ ଏବେ ବି ପାଣିଚିଆ
ଏବେ ବି କଞ୍ଚା ତା ବିଶ୍ୱାସ
ଆଉ ଅସମ୍ଭବ ତା ନିରବତା

ଶୁଣି ପାରିବ ତ ଶୁଣ
ବୁଝି ପାରିବତ ବୁଝ

ଗୋଟେ ବାଘୁଣୀ ଆଉ ଗୋଟେ ସ୍ତ୍ରୀ ଲୋକ
ଏକା କଥା,

କର୍ମ ଶେଷ,
କ୍ରିୟା ବି ପରିସମାପ୍ତ

ଏଥର ସେ ଗୋଟେ ମନ
କେବଳ ଛନ ଛନ ମନ,

ପ୍ରେମ କରି ପାରିବ ?
କର !
(ପ୍ରେମଫ୍ରେମ ସବୁ ଏକା କଥା)

ନିଗମନ

ଏଇମତେ ପଢ଼ିଥିଲି ଆର୍ଯ୍ୟ ନ୍ୟାୟଶାସ୍ତ୍ରରେ; ଅନୁମାନର ପାଞ୍ଚଟି ଅବୟବ ନିର୍ଦ୍ଦିଷ୍ଟ ହୋଇଅଛି । ଯଥା –ପ୍ରତିଜ୍ଞା, ହେତୁ, ଉଦାହରଣ, ଉପନୟ ଓ ନିଗମନ । ଏହାକୁ ଭାଷାକୋଷରୁ ଖୋଜି ବସିଲି ଆହୁରି ଭଲ ଭାବେ ବୁଝିବା ପାଇଁ । ଏବେ ପଢ଼ନ୍ତୁ; କଣ ପାଇଥିଲି ।

ପ୍ରତିଜ୍ଞା – ଏଠାରେ ନିଆଁ ଅଛି; ହେତୁ – କାରଣ, ଏଠାରେ ଧୂଆଁ ଅଛି; ଉଦାହରଣ – ଯେଉଁଠାରେ ଧୂଆଁ ଥାଏ ସେଠାରେ ଅବଶ୍ୟ ନିଆଁ ଥାଏ; ଉପନୟ – ବର୍ତ୍ତମାନ ଆମ୍ଭେ ଦେଖୁଥାଇଁ ଯେ ଏଠାରେ ଧୂଆଁ ଅଛି; ନିଗମନ – ଅତଏବ ଏଠାରେ ଅବଶ୍ୟ ନିଆଁ ଅଛି ।

ସୁଧୀ ପାଠକେ; ହଁ ନିଗମନ ବା ପ୍ରତ୍ୟାମ୍ନାୟରେ ଏଇୟା ହିଁ ଲେଖିବାକୁ ବସିଛି । ଏଠାରେ ଅବଶ୍ୟ ନିଆଁ ଅଛି । ତୁମେ ସଭିଏଁ ଏହି ସଙ୍କଳନଟିଏ ପଢ଼ିବା ବେଳକୁ ଶୁଭଶ୍ରୀଙ୍କ ଅନ୍ୟ ତିନି ସୃଜନ ସମ୍ଭାର, ଯଥା – ଅରଣ୍ୟା, ଅଗ୍ନିକା ଓ ଗର୍ଭାଗ୍ନି ଏବେ ସେଇ ପ୍ରତିଜ୍ଞା, ହେତୁ, ଉଦାହରଣ, ଉପନୟ ଓ ନିଗମନର ଭାବବୋଧ ନେଇ ଏକ ଆନ୍ଦୋଳନ ଆରମ୍ଭ କରିସାରିଛନ୍ତି ଓଡ଼ିଆ ସାହିତ୍ୟ ସଂସାରର ବର୍ତ୍ତମାନର ସନ୍ନିଧାନରେ । କିଏ ନଗ୍ନତାକୁ ନେଇ ଖଡ୍‌ଗହସ୍ତ ତ କିଏ ଭାଷା ବିନ୍ନ୍ୟାସକୁ ନେଇ ଅସନ୍ତୁଷ୍ଟ ।

କିଏ କବିତା ଭିତରେ ଚରିତ୍ର ଖୋଜିଲାଣି ତ କିଏ କବିତାକୁ ଛାଡ଼ି କବିର ଚରିତ୍ର ଚିତ୍ରଣ କଲାଣି। ଅତଃ, ଏହା ହୃଦୟଙ୍ଗମ ହେଉଛି ଯେ ଶୁଭଶ୍ରୀ ନିଜ ଅବବୋଧର ଅଭିଳାପରେ ପାଠକ କୂଳରେ ତରଙ୍ଗ ସୃଷ୍ଟି କରି ସାରିଲେଣି। ଆଉ ସେଇ ତରଙ୍ଗାୟିତ କବିତା ସାଗରରେ ଅଗ୍ନି ସରସ୍ୱତୀ ସେଇ ନିଗମନର ସଦ୍ୟଜାତ।

ଶୁଭଶ୍ରୀ; ପଥଧାରେ ଚାଲନ୍ତି ହେଲେ ଆଖି ବନ୍ଦ କରି ନୁହଁ, ସମାଜରେ ରୁହନ୍ତି; ହେଲେ କୁସଂସ୍କାରର ବନ୍ଧନରେ ନୁହଁ। ମନ, ପ୍ରାଣ ଓ ଆତ୍ମାରେ ଯେଉଁ ନିଆଁର ଧାସ ଅହରହ ଥାଏ ସେଇ ସବୁକୁ ନେଇ ସେ ଜୀଅଁନ୍ତି। ତାଙ୍କ କବିତା ରୋକ୍‌ଠୋକ୍ କଥା କହେ। ପାଠକଙ୍କୁ ଉତ୍‌କ୍ଷିପ୍ତ କରେ, ଆହତ କରେ ଆଉ ସର୍ବୋପରି ଆନ୍ଦୋଳିତ କରେ। ଏଣୁ ତ ସେ ଅଘଟଘଟର ପାତ୍ରୀ।

ତୁମେ ଏବେ ଏଇ ସବୁର ପାଠସାକ୍ଷୀ; ତା ନିଆଁକୁ ଆହୁରି ତେଜୀୟାନ କର ଅବା ତାକୁ ସେଇ ନିଆଁରେ ଜୋଆନ୍ ଭଳି ଜାଳି ଦିଅ; ସେ ସେଇ ଶୁଭସ୍ମିତା ହୋଇ ରହିଥିବ। ତୁମ ସଭିଙ୍କୁ ଶ୍ରଦ୍ଧା ସୁମନାସ; ଅଗ୍ନି ସରସ୍ୱତୀକୁ ପଢ଼ିଥିବାରୁ।

ସେଇ କୃତାର୍ଥ୍ୟଂମନ୍ୟା ଶୁଭଶ୍ରୀ ପାଇଁ ମୋ କଲ୍ୟାଣ।

-ପ୍ରଭୂ

BLACK EAGLE BOOKS

www.blackeaglebooks.org
info@blackeaglebooks.org

Black Eagle Books, an independent publisher, was founded as a nonprofit organization in April, 2019. It is our mission to connect and engage the Indian diaspora and the world at large with the best of works of world literature published on a collaborative platform, with special emphasis on foregrounding Contemporary Classics and New Writing.

www.ingramcontent.com/pod-product-compliance
Lightning Source LLC
Chambersburg PA
CBHW031108080526
44587CB00011B/879
* 9 7 8 1 6 4 5 6 0 1 5 3 1 *